Kurt Koch   Ornamente und Verzierungen

Kurt Koch

Ornamente und Verzierungen

Für Holzbildhauer
und Steinmetze

Eulenkopf-Verlag

Das Buch ist im Verlag:

EULENKOPF-VERLAG
Kurt Koch
6751 EULENBIS
Im Steineck 36
Telefon (06374) 1638

erschienen.

Alle Rechte vorbehalten. Nach dem Urheberrecht sind, auch für Zwecke der Unterrichtsgestaltung im privaten, öffentlichen und gewerblichen Bereich, Vervielfältigungen, Speicherungen (kopieren) und Übertragungen des ganzen Werkes oder einzelner Text- bzw. Bildabschnitte, nur nach vorhergehender Vereinbarung mit dem Hersteller und Autor gestattet.

Auch die Übersetzung und Benutzung im fremdsprachlichen Bereich bedarf der Erlaubnis des Autors.

Die Anschrift des Autors lautet:
Kurt Koch, 6751 Eulenbis, Im Steineck 36,
Telefon (06374) 1638

© Copyright Kurt Koch, D-6751 Eulenbis (Pfalz) BRD.
Grafischer Entwurf der Titelseite: G. Baxmann, Reutlingen 17
Fotosatz und Druck:
Reinhardt+Reichenecker, Grafischer Betrieb, Riederich
Buchbinderarbeiten: Großbuchbinderei Koch, Tübingen
ISBN 3-924952-06-X
Printed in Germany.
Im Januar 1989

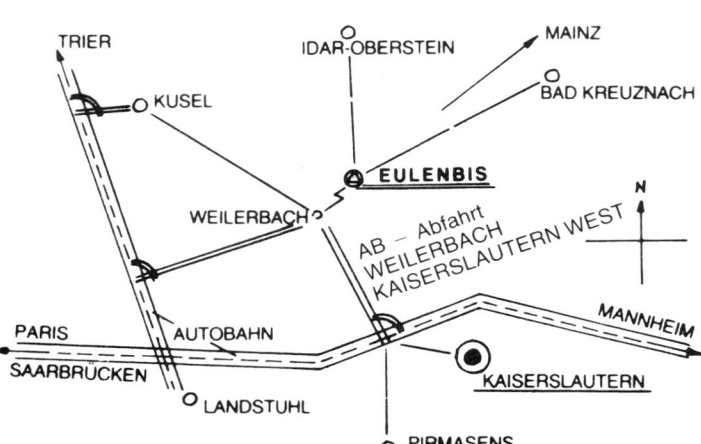

Vorwort zur 2. Auflage

Sicher treffen wir uns hier in den meisten Fällen als alte Bekannte wieder. Allen meinen Freunden an dieser Stelle einen herzlichen Gruß!

Das vorliegende Buch soll jedem eine Hilfe und Anregung sein. Niemand muß zeichnerisch begabt oder gebildet sein, um die Vorlagen verwerten zu können. Profi und „Künstler auf Zeit", Hobby-Bildhauer und Ornament-Schnitzer, der Möbelschreiner wie der Freizeit-Innendekorateur, der Fachmann wie der Laie können jede der über 500 Vorlagen in der Originalgröße, ohne Neuzeichnen oder Übertragung, direkt auf das vorbereitete Holz durch Pausen aufbringen.

Damit bleibe ich der Grundidee meiner bereits veröffentlichten Schnitzer-Bücher „GRUNDKURS", „FORTGESCHRITTENEN-KURS", „EXPERTENKURS", „MEISTERLICHE ÜBUNGEN" und „BUCHSTABEN UND SCHRIFTEN" treu, die mir im Inland und auch von jenseits der Grenzen meines Vaterlandes viel Lob und Beifall brachten.
Ich bleibe dabei, jedem Interessierten die Möglichkeit in die Hand zu geben, sich seinen Wunsch nach einem kreativen Hobby zu erfüllen.

Da sich auf Grund meiner Erfahrung gerade viele reifere und ältere Mitmenschen dem Holz-Schnitz-Hobby zuwenden und gerade jetzt, nach dem Abschalten der beruflichen Alltagsverpflichtungen, eine kreative Erfüllung an ihrem Lebensabend suchen, möchten sie auch bald und auf möglichst geradlinigem Weg zu ihrem Ziel gelangen. Es wäre durchweg unzumutbar, die Erfüllung dieses schönen Traumes — oft während eines halben Lebens geträumt — von der Beherrschung einer Serie von Spezialkenntnissen abhängig zu machen.

Wie sollte er — (oder sie) — im Regelfall die Zeit und gegebenenfalls die Geduld aufbringen, die erforderlichen Schulungen zu durchlaufen, um die Übung und die Detailkenntnisse für freies Zeichnen oder Entwurfzeichnen zu erwerben, die gerade für das Gebiet der Ornament-Schnitzerei gefordert sind. Über meine Bücher, direkt aus der Praxis für die Praxis ausgelegt, möchte ich jedem Anleitungen geben, sich auf dem kürzesten „Lernweg" erfolgreich mit seinem Hobby befassen zu können.

Andererseits begrüßt aber auch der alte „Holzwurm" die Gelegenheit der Zeiteinsparung, wenn er aus dem Buch direkt auf seine zu schnitzende Oberfläche übertragen kann.

Wer unter den Hobby-Schnitzern sich doch noch mit dem freien Zeichnen beschäftigen möchte, dem biete ich über besondere Schulungen und Kurse die entsprechende Gelegenheit. Schreiben Sie mir Ihre Wünsche.

Mit freundlichen Grüßen
Ihr KURT KOCH

An dieser Stelle wieder Dank und Anerkennung meiner lieben Frau und meinen Kindern, die bei dem Entstehen des Buches ihre enorm wichtige Unterstützung gaben.

Eulenbis, Januar 1989

Inhalt

- Runde Rosetten
- Ovale Rosetten
- Viereckige Rosetten
- Türverzierungen
- Füllungen
- Symmetrische Eckenverzierungen
- Asymmetrische Eckenverzierungen
- Zierstäbe
- Geschnitzte Auflagen für Schubladen
- Muscheln
- Kapitäle
- Sprossen
- Nischen – Blenden
- Lisenen – Kleinornamente einzeln und kontinuierlich

Einführung Teil I

Dies ist ein Buch aus der Technik für die Praxis. Es erstarrt nicht in schönen Fotos, sondern gibt seinem Benutzer lebendige und detaillierte Anleitungen über Ornamente und Verzierungen – in ORIGINAL-GRÖSSE.

Es setzt aber in seinem vollen Umfang auch voraus, daß diese Arbeit in der Praxis durchgeführt werden kann. Die Grundbegriffe des Schnitzens mit den empfohlenen Übungen – besonders aus meinem Buch: FORT-GESCHRITTENEN-KURS – sollten nicht nur flüchtig durchgearbeitet sein, sondern müssen beherrscht werden. Ganz besonders sollten die Übungsbeispiele aus der Ornamentschnitzerei recht aufmerksam durchgearbeitet werden.

Dem Anfänger und Ungeübten in dieser Materie kann es keine befriedigende Anregung geben, da es ihm kaum gelingt, sich in die einzelnen Formgebungsmechanismen hineinzudenken. Er braucht zumindest die oben erwähnten Übungsbeispiele oder ähnlich gelagerte praktische Schnitzkenntnisse – die nach den einzelnen technischen Angaben genauestens geübt wurden. Nur auf diesem Wege ist zu erkennen, wie die einzelnen dekorativen Abschnitte ausgebildet sind – ob nun konkav, konvex oder in Fläche.

Es ist mir ein ernstes Anliegen, Sie dringend zu bitten, Ihre schnitztechnischen Fertigkeiten realistisch zu beurteilen – oder beurteilen zu lassen –, sich nicht zu überschätzen. Bei mangelnder Praxis und Übung gehen Sie nicht sofort an die Ausführung von Werkstücken gemäß den Vorlagen aus dem Inhalt heran. Es ist einfach so wie bei allen anderen Schnitzarten, ob es nun eine Kerbschnitzerei ist oder eine Arbeit aus dem vollen Block oder Relief – Sie benötigen Praxis, Übung. Ohne sie müssen Sie an relativ komplizierten Arbeiten scheitern.

Auch auf die Gefahr hin mich zu wiederholen muß ich weiter betonen: Schnitzen lernen ist kein Prozeß, den man schon kurz nach der Beschlußfassung beherrschen kann. Bedenken Sie stets, daß es sich um einen komplexen Beruf handelt, der in vielen Jahrhunderten gewachsen und gereift ist. Ihn in seinen Grundzügen zu erlernen, erfordert vom Lehrling „LEHRJAHRE". Erst nach dem Abschluß dieser Lehrzeit kann sich der Geselle nun in Jahren Erfahrungen aneignen, um sich schließlich an sein Meisterstück, an die Meisterprüfung heranzuwagen.

Eine Selbstüberschätzung endet mit trauriger Selbsterkenntnis. Wenn Sie ernsthaft schnitzen lernen wollen, mit uns und mit meinen Lernsystemen, Interesse und den festen Willen mitbringen, dann gebe ich Ihnen die Sicherheit und Garantie, daß Sie dieses Ziel auch erreichen werden. Aber ich verspreche Ihnen kein Patentrezept, mit dem Sie in einigen Monaten oder in kürzester Frist zu einem guten Hobby-Schnitzer werden. Sie müssen sich realistisch Zeit vornehmen und Sie müssen von Anbeginn sehen, daß Sie einige Jahre der regelmäßigen Übung erbringen müssen, um dann mit der erhofften und gewünschten Zufriedenheit Ihr Hobby ausüben zu können.

Lassen Sie sich bitte nicht einreden, mit einigen (billigen) Schnitzmessern und mit einer entsprechenden Anleitung könnten Sie schnitzen. Ich biete Ihnen ein vollumfängliches, in Erfahrung aufgebautes, gereiftes und stets verfeinertes Übungs- und Einarbeitungsprogramm an und bitte Sie nochmals: Halten Sie sich daran und glauben Sie nicht an die „wunder-vollen" Versprechungen, die aber nur in einer Enttäuschung enden müssen – wen „wundert's"?

Fotovorlagen und Modelle sind eine realistische Hilfe auch für einen gestandenen Schnitzer. Wenn Sie aber Anleitungen benötigen WIE, WO und WANN Sie WELCHES Messer in WELCHER Art gebrauchen sollen, dann fehlt Ihnen einfach noch die Übung. Wenn Sie sich an repräsentative Schnitzstücke heranwagen, dann müssen Sie vorher soviel geübt haben, daß Sie nun zielsicher und spielend leicht stets das richtige Messer für den geplanten nächsten Arbeitsabschnitt auswählen können.

So verhält es sich auch mit jeder Zeichnung, mit jeder Arbeit in diesem Buch – ganz gleich ob es eine einfache Eckverzierung, eine Leiste oder ein flächendeckendes, hochplastisches Ornament ist.

Gleichermaßen werden Sie sich nicht mehr mit behelfsweise einzusetzenden Messern oder Beiteln begnügen können. Sie benötigen bei Ornamenten – das ist von großer Wichtigkeit – die bestgeeigneten Schnitzwerkzeuge. Der Messerwechsel ist oft häufiger als bei Figuren oder Reliefs. Die Beitel müssen stets optimal den Gegebenheiten und Erfordernissen angepaßt sein. Mehr als bei anderen Schnitzarten benötigen Sie nun gebogene und besonders gekröpfte Hohleisen. Lassen Sie sich von mir unverbindlich beraten.

Einführung Teil II

Massivholzmöbel, Inneneinrichtungen aus massivem Holz allgemein, geraten nicht in Vergessenheit. Sie erfreuen sich in unserer Zeit, besonders im Vergleich zu den angebotenen, gepreßten Massenartikeln wachsender Beliebtheit. Immer mehr „steigen um" oder haben den Wunsch nach schönen, wirklich in Holz geschnitzten Verzierungen oder Reliefs an ihren Möbeln. Der Verwirklichung stellt sich oftmals eine unüberwindliche Barriere in Form eines unerschwinglichen Preises in den Weg. „Selber müßte man es machen können." Dieses Ziel braucht kein Traum zu bleiben, wenn Sie sich meinen Empfehlungen anschließen.

Dieses gesunde Bewußtsein für die bleibenden Werte aus der Tradition ist ein wertvoller Bestandteil unseres kulturellen Lebens. Leider wird dieses Empfinden nur allzuoft durch die billigen Massenimitationen, besonders der Plastik- und Schaumstoffindustrie veralbert — regelrecht auf die Schippe genommen. Abfallberge werden vorprogrammiert.

Geschnitzte Verzierungen an vermeintlichen schweren und alten Eichenbalken entpuppen sich als billigster Plastikschaum aus einer Wegwerf-Gipsform. Verdünnte Farbe geben dem Aussehen noch einen beizähnlichen Überzug. Keine Kunstvolle Verzapfung oder die meisterliche Fügung, nicht einmal ein Nagel hält sie als zugleich tragendes oder bindendes Element am vorher genau berechneten und festgelegten Platz, sondern mit Klebstoff sind sie oft willkürlich oder sogar sinnwidrig angepappt. An einem ansonsten recht sinnvoll konzipierten Eichenschrank können sich die Füllungen als billigstes Plastikmaterial mit „Eichen-Charakter" entpuppen. Hydraulisch gepreßte Reliefformen oder Verzierungen „verunzieren" das „gute Stück Möbel" und strapazieren völlig ungerechtfertigterweise den Geldbeutel.

Meine Empfehlung: Wenn Sie auf wertvolle Arbeit — Handarbeit in echt Holz — bestehen und mit Sicherheit auch daran glauben wollen, dann hat das seinen Preis. Dieses Stück sollten Sie nicht aus einem Katalog kaufen — es sei denn mit dem Recht auf volle und bedingungslose Rückgabe, wenn sich Angaben als unrichtig herausstellen sollten.

Sie sollten eine solche Kaufentscheidung nicht im Vorübergehen treffen, oder weil Sie eventuell ein unwiederbringliches und „einmaliges" Angebot zu erkennen glauben, das Sie sich nicht entgehen lassen wollen oder können. Das kann Ärger geben, wenn sich irgendwann und irgendwie herausstellt, daß die kühnen Behauptungen des Verkäufers nicht zutreffen.

Schon in meinem Buch „EXPERTENKURS" habe ich im 2. Kapitel auf über 30 Seiten genaue Auskunft gegeben, wie Holz und echt handgeschnitzt zu erkennen ist (gerade und besonders auf dem Möbelsektor). Daraus ein wichtiger Bestandteil: „Lassen Sie sich auf Geschäftspapier die Angaben wie: echt Holz und garantiert handgeschnitzt mit Stempel und Unterschrift bestätigen." Kein Geschäftsführer oder Ladenbesitzer wird Ihnen diese Bitte abschlagen oder auch nur verärgert darüber sein, wenn seine Angaben zutreffen. Im Gegenteil, er wird Sie gerne unterstützen, wenn es darum geht, die „schwarzen Schafe" mit ihren Scheinangeboten auszusortieren.

Mit einem solchen Papier — einer Bescheinigung oder Bestätigung — gehen Sie bei nachträglich festgestellten Unkorrektheiten zum Verbraucherschutz, den es in fast jeder Stadt gibt und lassen sich zu Ihrem Recht verhelfen — das Sie dann auch bekommen. Mündliche Aussagen oder Zusicherungen des Verkäufers bringen Ihnen zu Ihrem „handgeschnitzten Plastikmöbel" noch mehr Ärger und oft (vermeidbare) Kosten. Wenn Sie etwas schriftlich in der Hand haben, können Sie auch noch bis mindestens zwei Jahre nach dem Kaufabschluß den verantwortlichen Verkäufer zur Rechenschaft ziehen.

Über die Angaben in meinem Buch „EXPERTEN-KURS" hinaus, kann ich bei kostbaren Möbeleinkäufen noch eine weitere, leider berechtigte Vorsichtsmaßnahme empfehlen. „Bewaffnen" Sie sich mit einer kleinen, leistungsfähigen Lupe. Die Kosten dafür machen sich allemal bezahlt. Kontrollieren Sie mit der Lupe zunächst ganz gezielt die in kleineren Details geschnitzten Partien, bevor Sie die weiteren Oberflächen allgemein begutachten.

Wie schon in meinem erwähnten Buch detailliert beschrieben, sind geschnitzte Partien oder Flächen allgemein spiegelglatt, denn schließlich kann man mit einem stumpfen Messer nicht schnitzen. Mehr oder weniger große bzw. kleine Schnitte liegen nebeneinander; die Berührungen zwischen den einzelnen Schnitten sind immer als schwach ausgeprägte Schnittkanten sichtbar. Der Rand des einen Schnittes grenzt so gegen den zweiten Schnitt ab. Auf keinen Fall darf die Oberfläche aufgerauht, zerkratzt oder allgemein gerundet sein. Ein konturloses, strukturloses Aussehen deutet, genauso wie eine aufgerauhte Fläche, auf Maschinenarbeit oder Plastikmaterial hin.

Bei der Betrachtung einer solchen Oberfläche unter der Lupe erkennen Sie genau den Fräserverlauf — eben so, wie der Computer den Fräser geführt hat. Durchweg sind bei feiner Fräsarbeit sich wiederholende, wellenförmige Muster in den Rillen sichtbar (unter der Lupe). Die Flächen sind naturgemäß etwas aufgerauht. Das von den Fräsern grob aufgerauhte Material wird vom Fabrikanten mit verschiedenen Hilfsmitteln gesäubert — „geglättet". Er verwendet dazu unter anderem Stahlwolle, feine Stahl- oder Messingbürsten, er kann mit Sandstrahl abblasen usw.

In jedem Fall lassen sich die Spuren der Fräser, der Bürsten, der Stahlwolle oder die Ergebnisse der „Sandstrahlerei" nicht ungeschehen machen und nicht verschwinden machen.

Unter der vergrößernden Lupe sehen Sie das aufgerauhte Holz und die typischen Unregelmäßigkeiten. Auch unter einer kräftig aufgetragenen Lack- oder Beizschicht lassen sich die „Sünden der Vergangenheit" nicht hinwegzaubern. Lehnen Sie es ab, wenn man Ihnen diese Oberflächenbeschaffenheit als „rustikal" oder gar als „antik" oder ähnlich geartet anbietet bzw. schmackhaft machen will.

Lassen Sie sich nicht einreden „das mit der rauhen Oberfläche" seien die Holzporen. Die sind bei einem Qualitätsholz — Bildhauerholz — nie so offen, daß sie mit bloßem Auge erkennbar wären. Sie sind im Gegenteil durch einen echten, schönen Messerschnitt fein verteilt. Außerdem sind sie z. B. auf einer gerundeten Oberfläche, je nach Holzfaserverlauf — der ja keine Haken oder Kurven schlägt — recht unterschiedlich. Sie können von relativ kräftig bemerkbar bis unsichtbar sein; mit dem bloßen Auge jedoch nicht auszumachen.

Allenfalls bei Eiche-Hirnholz kann ein geschultes Auge die durchtrennten Poren mehr erahnen als sehen. Aber Hirnholz bekommen Sie lediglich an den langen Enden von Tischplatten oder am Rand von Stühlen zu sehen. Dort sollen Sie auch die Verleimung einzelner Holzstreifen erkennen und haben daher wenigstens die Gewähr, ein Möbelstück aus Massivholz vor sich zu haben.

Bei Schränken und ähnlichen Möbelstücken sind aber durchweg keine Hirnholzflächen eingearbeitet, lassen also von daher keine Rückschlüsse zu.

Eiche hat zudem ein charakteristisches Oberflächenbild, bei dem sich „Jahresring-Bilder" mit kurzen, z.T. dunklen, strichartigen Einsprengseln abzeichnen. Beim leichten Berühren mit dem Fingernagel kann man diese Stricheinzeichnungen oft als leichte Vertiefungen – Rillen – spüren. Unter der Lupe sind diese, eigentlich recht gleichmäßig verteilten Striche im Stil von Einritzungen sichtbar. Diese „Holzzeichnungen" haben nichts mit der Oberflächenverarbeitung zu tun, sondern sind eine Holzeigenheit.

Eine Handschnitzarbeit muß deutliche Spuren eines sauber geschliffenen und geschärften Schnitzbeitels zeigen. Ebenso heben sich die anders – machinell – bearbeiteten Oberflächen durch aufgerauhte oder z.T. als grobschlächtig uniformierte Oberflächen ab.

Beobachten Sie sorgfältig die fein ausgearbeiteten Rillen (Innenkanten) und Sie werden bei den Automatenarbeiten stets leichte Rundungen und keinesfalls scharf geschnittene Kanten finden. Oft arbeitet der Fabrikant besonders augenfällige oder hervorstechende Partien mit einigen strategisch günstig liegenden Schnitten nach, um dem oberflächlich urteilenden Käufer den Eindruck einer Handschnitzarbeit zu vermitteln. Machen Sie Ihre Kontrollen deshalb nicht nur an einigen besonders markanten Stellen über die verschiedenen Arbeiten verteilt.
Alle Kanten – nach außen und nach innen müssen „messerscharf", sauber aus**geschnitten** sein. Nur so kann eine Arbeit, im Zusammenwirken mit den geschnitzten Flächen, Rundungen, Wölbungen, Höhlungen usw. als Handschnitzarbeit gelten.

Mit einer Lupe „bewaffnet" können Sie also einwandfrei auch feinste Arbeiten, die Handarbeiten vortäuschen sollen, im gegebenen Fall als Betrug entlarven – nicht nur zum Wohle Ihres Geldbeutels.

Technische Hinweise

Alle Vorlagen sind als Strichzeichnungen in Originalgröße gestaltet; sie entsprechen jeweils dem optisch wirksamsten Ausdruck. Sie brauchen bei der Verwertung lediglich abzupausen und können durchaus direkt auf das vorbereitete Holz übertragen. Die Holzoberfläche ist zweckmäßigerweise vorher sauber zu schleifen.

Insgesamt sind in die Vorlagen keine zusätzlichen optischen Ausgestaltungen zum eventuellen Erkennen einer äußeren Form eingezeichnet. Es hat sich in der Praxis gezeigt, daß besonders beim ungeschulten Auge Kennzeichnungen, wie z. B. schraffieren, schattieren, abtönen und dergleichen vom Betrachter unterschiedlich erfaßt und interpretiert werden. Wo der eine mit Gewißheit eine konvexe, also nach außen gewölbte Ausarbeitung sieht, behauptet ein zweiter mit Sicherheit an gleicher Stelle eine konkave – gehöhlte – Ausarbeitung zu erkennen.

Der Fachmann benötigt solche Hinweise sowieso nicht, wie auch jeder andere geübte Hobby-Schnitzer keine Probleme mehr bei der Erkennung der Möglichkeiten zur Ausgestaltung hat. Der ungeübte Anfänger tut sich freilich schwer. Er sieht sich gefordert benötigte Praxis nachzuholen.

An Stelle von Bleistift-Strichzeichnungen hatte auch die Überlegung einer fotografischen Darstellung der fertig geschnitzten Verzierung eine Rolle gespielt. In der Praxis wird dabei sowohl in Einzelheiten als auch in der Gesamtdarstellung das Auge getäuscht. Das Verwechseln von konkaven und konvexen Ausarbeitungen ist durch die erforderliche Ausleuchtung des Objektes für den Einzelnen noch schwieriger.

Außerdem entstehen gerade bei den oftmals symmetrischen Darstellungen durch die Licht- und Schattenverhältnisse optisch asymmetrische Arbeiten. Was auf der einen Seite als konvex erscheint, gibt sich auf der gegenüberliegenden Seite als konkav oder umgekehrt. Hier erscheint die Strichzeichnung als einfachste, sicherste und allgemein verständlichste Darstellung.

Über die Stilrichtung, Deutung oder Bedeutung der einzelnen Dekorationen ist nichts ausgesagt. Der Rahmen des Buches, nämlich die praxisbezogene Vermittlung von technisch-zeichnerischer Unter- bzw. Vorlagen, ist dazu nicht der geeignete Platz. Für jeden, der in dieser Richtung seine theoretischen Kenntnisse vertiefen möchte, steht beim Fach-Buchhandel und in Büchereien ein breites Angebot von Abhandlungen bereit.

Die einzelnen Darstellungen tragen bewußt auch keine Namen oder Bezeichnungen. Niemand sollte mit Befangenheit an die Auswahl gehen oder sich irgendwie eingeengt fühlen. So möchte ich z.B. die wirkliche, viel breitere Verwendungsfähigkeit einer Mittel-Türverzierung nicht schon durch den Begriff eingrenzen. Wenn Ihnen etwas gefällt und es paßt in die Umgebung, dann verwirklichen Sie es. Im Zweifelsfalle schauen Sie nochmals in die grundsätzlichen Ausführungen, wie sie in meinem Buch „FORTGESCHRITTENEN-KURS" in den Kapiteln für „Kerbschnitzen, Buchstaben und Schriften schnitzen, Ornamente und Reliefs schnitzen" beschrieben sind.

Als wertvolle Hilfe biete ich Ihnen weiter speziell auf Ornamentschnitzen ausgerichtete, intensive Schnitzkurse in meiner Werkstatt bzw. meinen Schulungsräumen an. Zu all dem können Sie sich noch die praktischen Anleitungen aus meinen VIDEO-Unterrichtsfilmen, speziell über Ornamente und Verzierungen, zunutze machen.

In vielen Fällen war es aus optischen Gründen erforderlich, nicht nur einen Teil, z.B. die eine Hälfte einer symmetrischen Dekoration zu zeigen. Vielmehr mußte ich der sachlichen und unverwechselbaren, vollständigen Darstellung zuliebe die gesamte Vorlage von Hand auszeichnen. Dadurch können sich kleine Ungleichheiten beim spiegelbildlichen Betrachten bemerkbar machen, Differenzen im Detail. Diese erfordern vom Benutzer in kleinerem Umfang eigene Phantasie, um diese auszumerzen, abzuändern oder zu verbessern.

Bei genauer Reproduktion sollte man nur die eine Seite einer symmetrischen Darstellung zeichnen, dann das Papier auf der Mittelachse falten und die fertige Hälfte auf das umgeschlagene Stück Papier durchpausen. So haben Sie schließlich eine eventuell gewünschte Perfektion. Symmetrische Zeichnungen haben daher eine Mittellinie eingezeichnet.

Eine geringe Zahl von Darstellungen haben zwei, sich im Mittelpunkt rechtwinklig kreuzende Mittellinien. Die Zeichnung ist also aus einem Viertel ihrer Gesamtdarstellung über zwei Richtungen spiegelbildlich vergrößert.

Verschiedene Ornamente sind so angelegt, daß diese auch bei der Ausbildung eines Rahmens für Bilder oder Spiegel Verwendung finden können. Ebenso können mit etwas Phantasie verschiedene Elemente zu einem solchen Rahmen kombiniert werden, sei er nun im Grundkonzept rechteckig, quadratisch, oval oder rund. Die Gesamtdarstellungen von Spiegelrahmen oder Rahmenelementen allgemein werden von mir in Originalgrößen einzeln angeboten. Fordern Sie Unterlagen an.

Gleichermaßen bleibt es Ihrer Phantasie bzw. den Anforderungen überlassen, aus einzelnen Ornamenten größere zusammenzusetzen. Auch die Kombination von Verschiedenen kann eine reizende Alternative darstellen.

Bei der Anschaffung von Schnittholz für die einzelnen Ornamente achten Sie darauf, daß der Holzfaserverlauf entlang der größten Abmessung verläuft. Natürlich ist es bei gewissen Gegebenheiten erforderlich, die Faser quer verlaufen zu lassen. Bei Verwendung gewisser Hölzer kann das unter Umständen die Darstellungskraft erhöhen. Das Ausschnitzen erfordert dabei aber auch mehr Fingerspitzengefühl.

Zum Ausschnitzen: Jeder Zeichenstrich im Ornament bedeutet zunächst die Abgrenzung zwischen zwei verschieden ausgearbeiteten Oberflächen. Zwischen zwei Zeichenstrichen wird eine Ausarbeitungsart angewendet, wie z.B. konkav oder konvex oder Fläche.

Innerhalb einer konkaven oder konvexen Ausarbeitungsart kann sich die Intensität oder Vertiefung unter Umständen je nach Gegebenheiten oder auch geometrischer Form unterschiedlich entwickeln. Bei einem spitz zulaufenden, konkaven Element erfordert dies durchweg den ständigen Wechsel beim Einsatz von verschieden stark gehöhlten oder auch unterschiedlich breiten Beiteln. Die Übergänge vom Schnittbild eines Beitels in das Schnittbild eines anders geformten müssen sorgfältig ausgeglichen werden.

Eine Schnittkante, hier die Trennungslinie zwischen zwei verschieden ausgeformten Schnitzelementen – Sie können unter Umständen auch gleich sein, nur entweder auf verschiedenen Ebenen oder mit unterschiedlichen Neigungswinkeln zur Grundfläche – endet dort, wo die beiden Schnitzelemente zu gleicher Ausarbeitungsform zusammenlaufen. Diese Stellen müssen mit besonderer Sorgfalt, gefühlvoll, sauber ausgeschnitzt werden.

Als – keinesfalls allgemeingültige – Regel kann man bei der Ausarbeitung verschiedener Elemente beachten: Bei Rundungen oder Kurven mit ungefährer mittlerer Trennlinie wird der äußere Teil der „Kurve" konvex und die „Innenkurve" konkav geschnitzt. Diese

Ausarbeitungsart unterstützt in fast allen Fällen vorteilhaft den gewünschten Ausdruck.

Kerbschnitzartige Einarbeitungen, eventuell mit dem Gaißfuß, sollten in den meisten Fällen nur mit großer Umsicht und sparsam angewendet werden. Sie bringen durchweg für ein ausgeglichenes, freundliches und weiches Ornament zuviel Härte in den Ausdruck.

Als weitere Empfehlung möchte ich nochmals anmerken: Halten Sie Leben und Abwechslung bei Ihren Dekorationen. Bleiben Sie nur mit dem Gesamtbild auf der vorgesehenen Ebene. Mit den einzelnen Elementen gehen Sie schwungvoll um und schwingen Sie damit nach innen und außen. Schmücken Sie die Vorgaben durch Auf- und Abbewegungen der einzelnen Linien, Kurven und Rundungen. Davon hängt in entscheidendem Maße das künstlerische Gelingen Ihrer Arbeit ab.

Wenn Sie noch Schwierigkeiten haben, oder ganz allgemein Kenntnisse erwerben bzw. vertiefen wollen, kommen Sie zu meinen Schnitzkursen. Sie werden entweder auf den einzelnen Seminaren mit festen theoretischen und praktischen Unterrichtsprogrammen geschult oder bei meinen „intensiven Schnitzkursen" individuell, gemäß Ihren Wünschen, Vorstellungen und Bedürfnissen betreut.

In modern ausgerüsteten Unterrichtsräumen garantiere ich Ihnen nach meinen Systemen den Erfolg. Als Voraussetzung erbitte ich von Ihnen den Willen und das entsprechende Interesse mitzubringen.

Wenn Sie Schwierigkeiten bei der Holzbeschaffung oder Holzauswahl haben, wenden Sie sich an mich. Sie können dann absolut sicher sein, das bestgeeignete zu erhalten.

Weitere Publikationen aus meinem Schnitzprogramm:

- Das Schnitzerbuch „GRUNDKURS"
  166 Seiten, 80 Bilder.
  Themen: Einführung in den Schnitzkurs, Wissenswertes über Holz, Schneidwerkzeuge, Messer und Beitel schärfen, praktische Übungen, grundsätzliche Messerhaltungen, Oberflächenbehandlung.

- Das Schnitzerbuch „FORTGESCHRITTENEN-KURS"
  177 Seiten, 154 Bilder.
  Themen: Grundbegriffe – Empfehlungen, Kerbschnitzen, Buchstaben und Schriften schnitzen, Ornamente und Verzierungen schnitzen, Reliefs schnitzen.

- Das Schnitzerbuch „EXPERTENKURS"
  173 Seiten, 129 Bilder.
  Themen: Voraussetzungen zum Schnitzerfolg, „holzgeschnitzt", Tradition der Bildhauerei, Größenverhältnisse des menschlichen Körpers, praktische Übungen, Übungsbeispiele in einer Bilderserie.

- Das Schnitzerbuch „MEISTERLICHE ÜBUNGEN"
  Das Buch erscheint 1986. Es ist die Fortsetzung vom „EXPERTENKURS" mit besonderem Schwerpunkt: Gesichter schnitzen, Figuren aus dem vollen arbeiten, Modellübertragung mittels Punktiermaschine, Modellerstellung und anderes mehr.

- Das Schnitzerbuch „BUCHSTABEN UND SCHRIFTEN"
  Das Buch erscheint Frühjahr 1986. Es enthält 25 verschiedene Schriftenvorlagen mit großen und kleinen Buchstaben. Jeder Buchstabentyp in zwei verschiedenen Größen – ca. 35 mm und ca. 50 mm groß – mit allen technischen Angaben für den Schriften-Schnitzer.

- Individuelle Vorlagen für Reliefs oder Großdekorationen

- Gesichter-, Hände- und Füße-Schnitzprogramm **GHF**

- 30 verschiedene Video-Filme aus allen Schnitzbereichen in Video 2000 und VHS.

Auszug aus meinem lieferbaren VIDEO-FILM-PROGRAMM

- Titel: GRUNDKURS
  Aus dem Inhalt: Einführung in die Materie Schnitzen, Wissenswertes über Holz – Schneidwerkzeuge – Messer und Beitel schärfen – grundsätzliche Messerhaltungen – praktische Übungen – Beizen.
  ca. 180 Min.

- Titel: FORTGESCHRITTENEN-KURS – I –
  Aus dem Inhalt: Einführung und Übungsstücke zum Kerbschnitzen, Einführung und Übungen zum Buchstaben und Schriften schnitzen. ca. 60 Min.

- Titel: FORTGESCHRITTENEN-KURS – II –
  Aus dem Inhalt: Einführung und Übungen zum Ausschnitzen von Ornamenten und Verzierungen mit Werkzeugangaben. ca. 60 Min.

- Titel: FORTGESCHRITTENEN-KURS – III –
  Aus dem Inhalt: Einführung und Übungen zum Ausschnitzen von Reliefs mit Werkzeugangaben.
  ca. 60 Min.

- Titel: EXPERTENKURS E-1
  Aus dem Inhalt: Verhältnislehre mit Gesichteinteilung – Ausschnitzen des Lehrmodells Madonnen-

gesicht — Ergänzung: Teilausschnitzen eines Gesichts aus der Modellserie unserer Madonnen.
ca. 60 Min.

— Titel: EXPERTENKURS E-2
Aus dem Inhalt: Verhältnislehre wie E-1. Ausschnitzen des Lehrmodells „junger Mann" — Ergänzung: Teilausschnitzen eines Gesichtes aus unserer Modellserie.
ca. 60 Min.

— Titel: EXPERTENKURS E-3
Aus dem Inhalt: Ausschnitzen — Fertigschnitzen eines Kinderkopfes — unser Lehrmodell 1:2.
ca. 60 Min.

— Titel: EXPERTENKURS E-5
Aus dem Inhalt: Verhältnislehre mit Gesichtseinteilung — Ausschnitzen — Fertigschnitzen unserer Lehrmodelle: Mann ca. 50 Jahre, Mann ca. 60 Jahre mit Bart.
ca. 60 Min.

— Titel: EXPERTENKURS E-6
Aus dem Inhalt: Ausschnitzen — Fertigschnitzen unserer Lehrmodelle Hände: Kinderhand — Arbeitshand — ausgestreckte Hand — verschlungene Hände.
ca. 60 Min.

— Titel: EXPERTENKURS E-7
Aus dem Inhalt: Ausschnitzen — Fertigschnitzen unserer Lehrmodelle Füße: Kinderfuß — Erwachsenenfuß.
ca. 60 Min.

— Titel: MESSER SCHÄRFEN — I —
Aus dem Inhalt: Übersicht, Regeln, original ungekürzter Schleif- und Schärfvorgang auch für Gaißfüße und gekröpfte schräge Flacheisen, Schärfeinrichtungen.
ca. 60 Min.

— Titel: MESSER SCHÄRFEN — II —
Aus dem Inhalt: Schleifen und Schärfen, Vorführung von original, ungekürzten Schleif- und Schärfvorgängen für Balleisen, Flacheisen, Hohleisen, Bohrer — gerade, gebogen, gekröpft und verkehrt gekröpft.
ca. 60 Min.

— Titel: BEIZEN — I —
Aus dem Inhalt: Einführung und Erläuterungen, ungekürzte Originalaufnahmen vom Beizen, Wachsen und Polieren — Bürsten von Figuren, Reliefs und Ziergegenständen.
ca. 60 Min.

Alle Unterrichtsmittel sind in meinem Verlag:

EULENKOPF-VERLAG
Kurt Koch
Im Steineck 36
6751 EULENBIS
Telefon (06374) 1638

erschienen und können direkt von mir oder vom Fachhandel bzw. Buchhandlungen bezogen werden.

Viel Freude und Erfolg wünscht Ihnen

Ihr

Kurt Koch

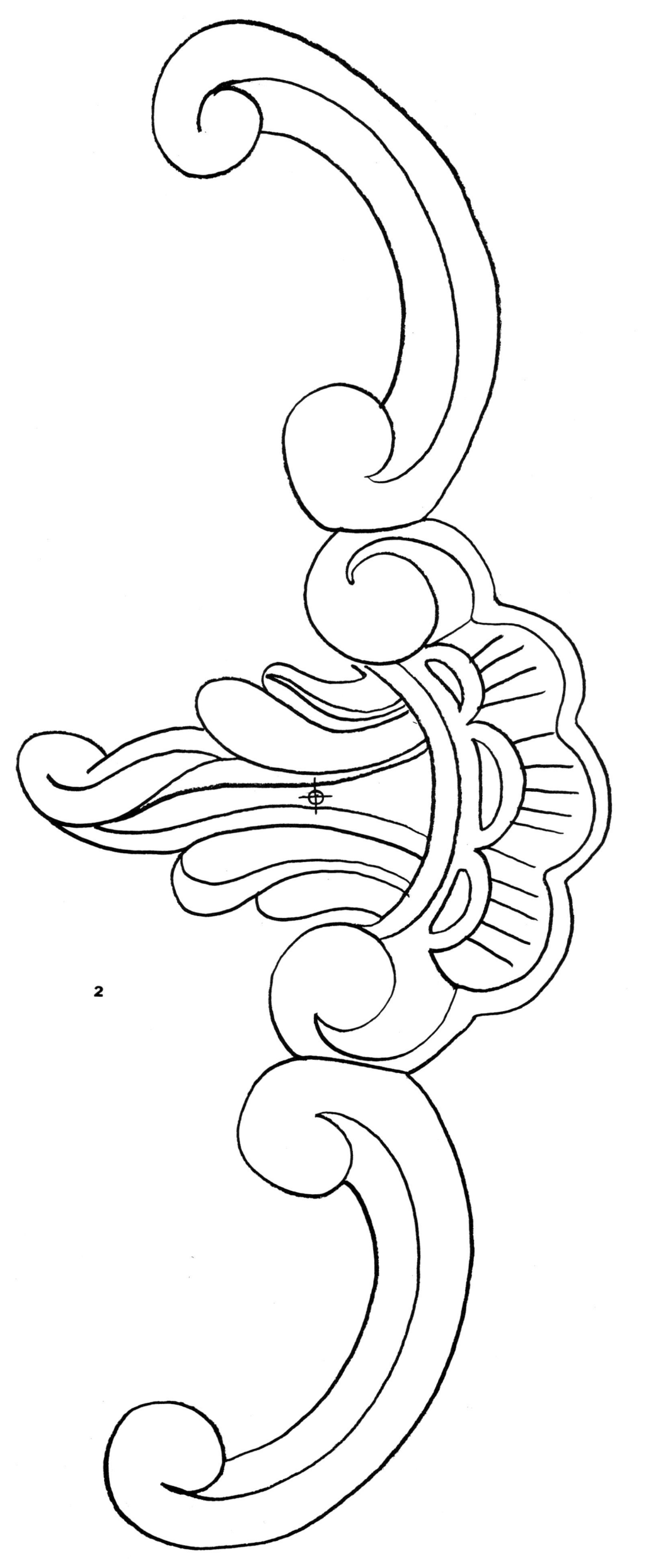

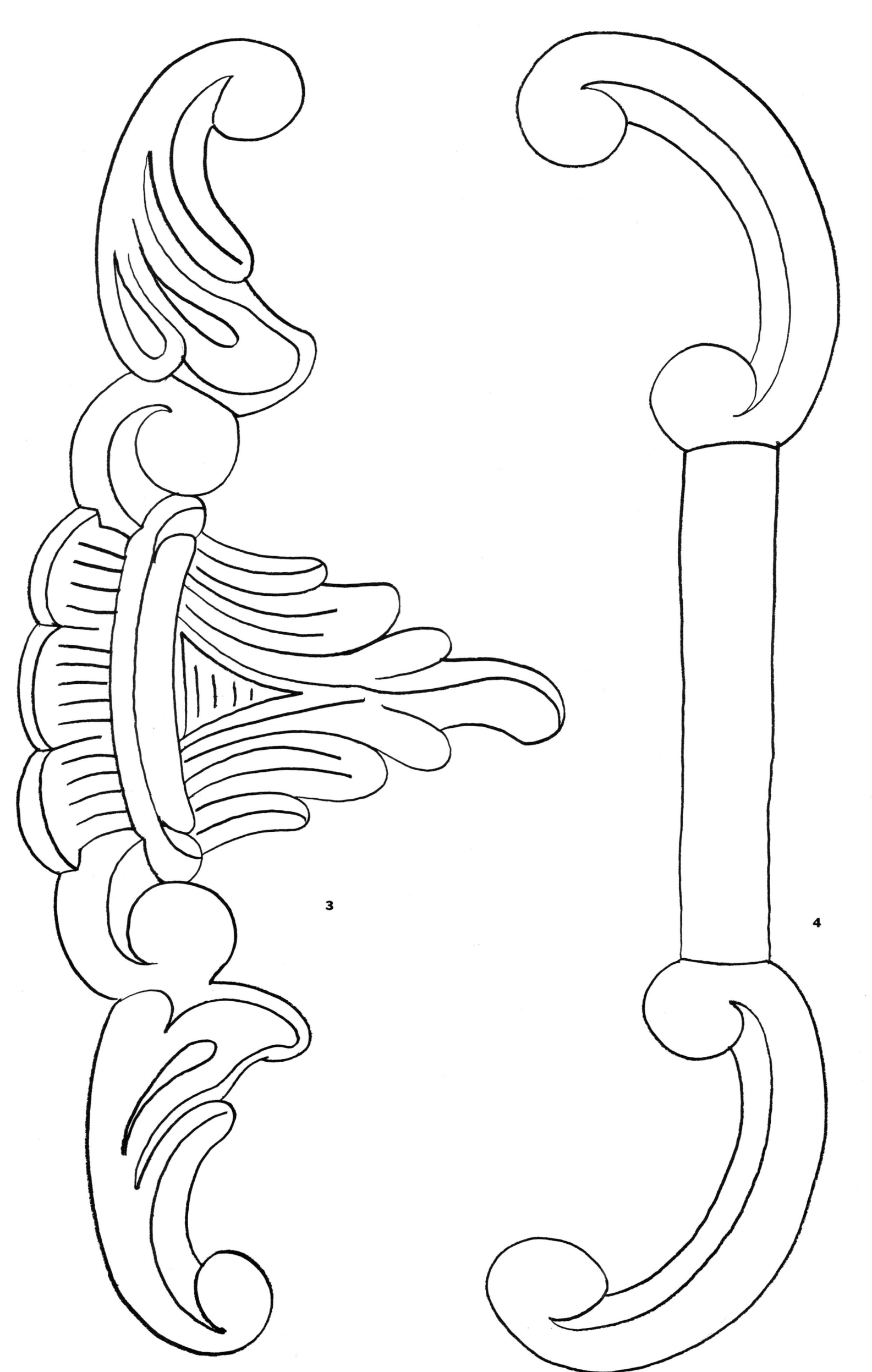

12

13

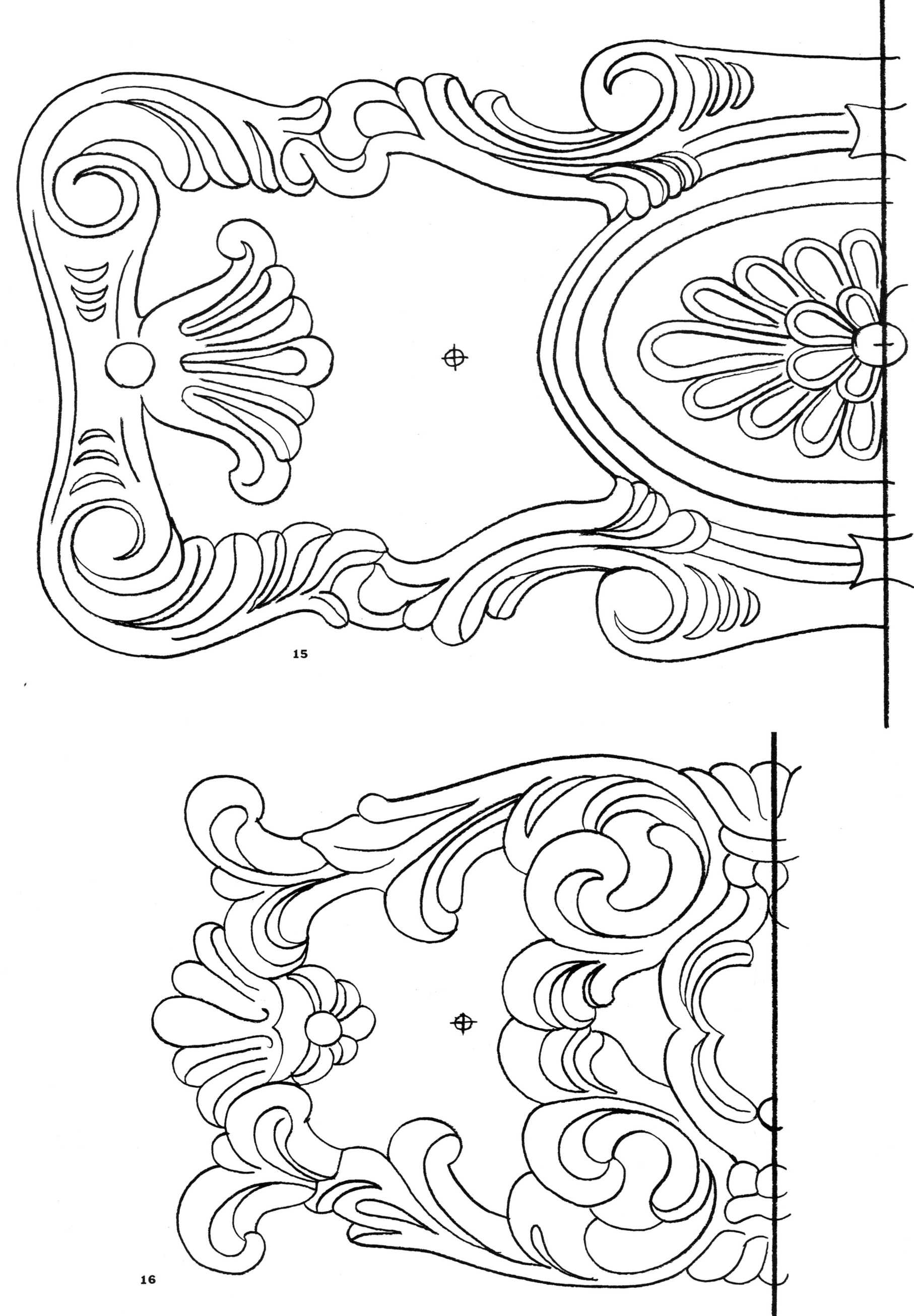

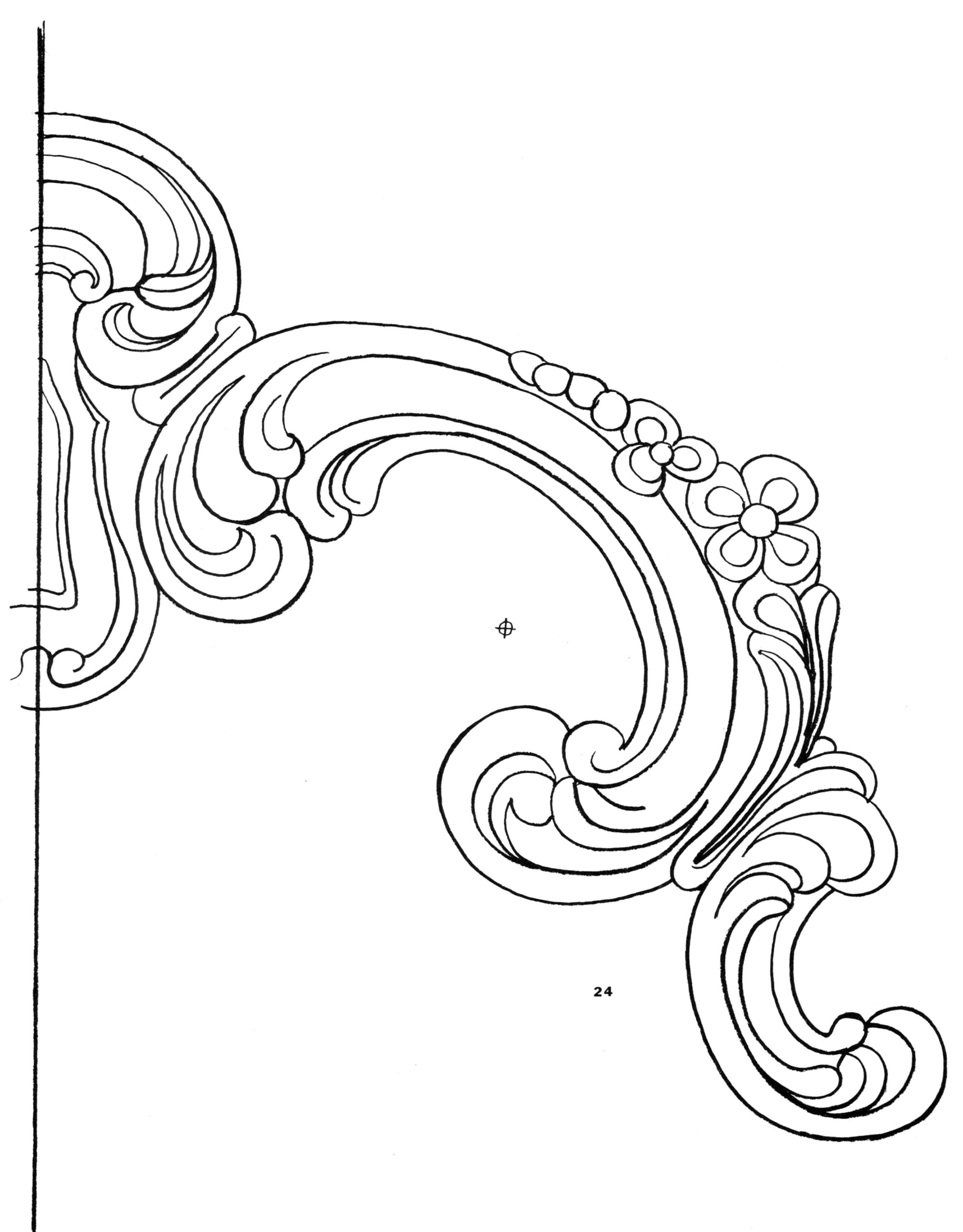

MITTELLINIE

28

29

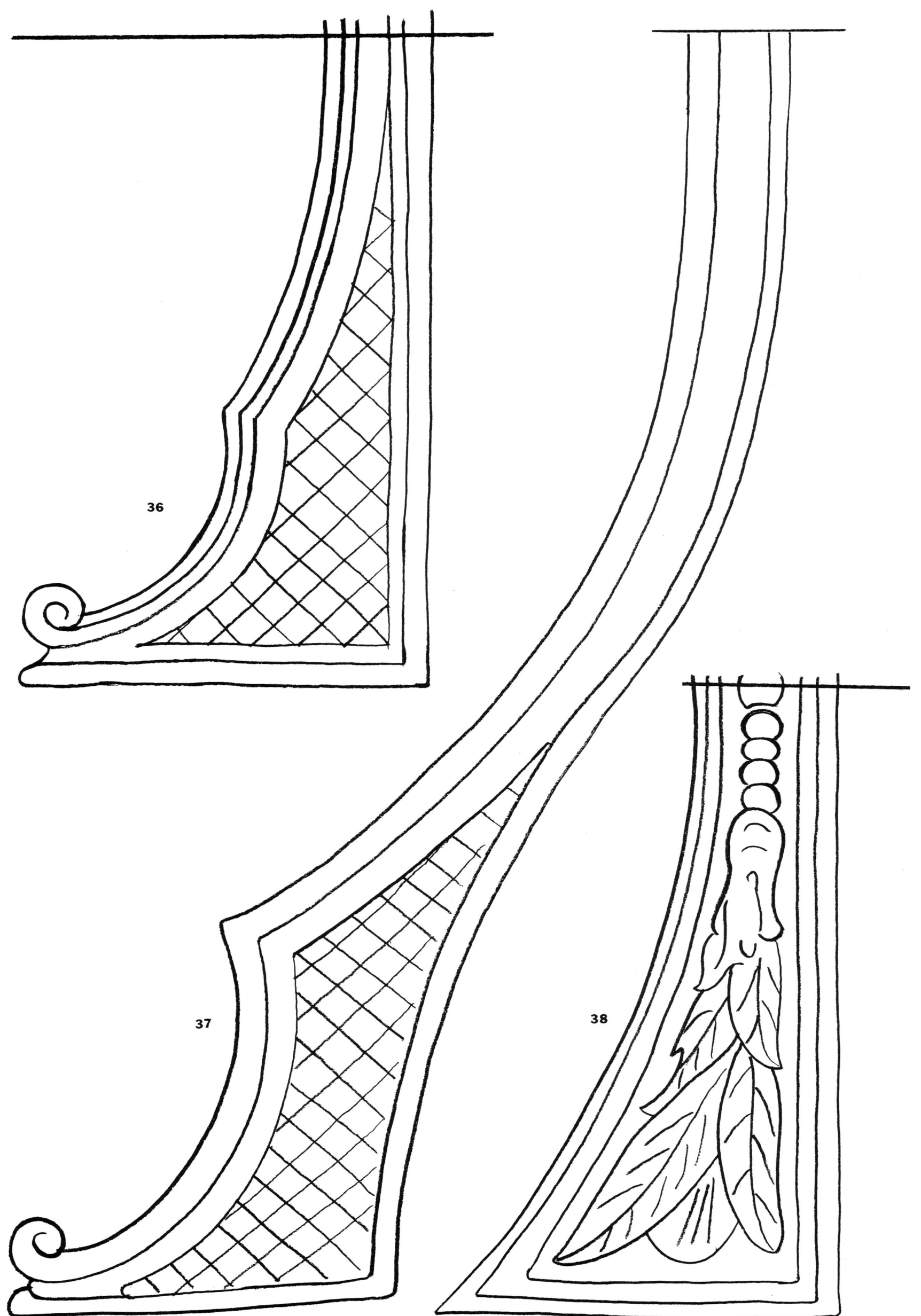

39

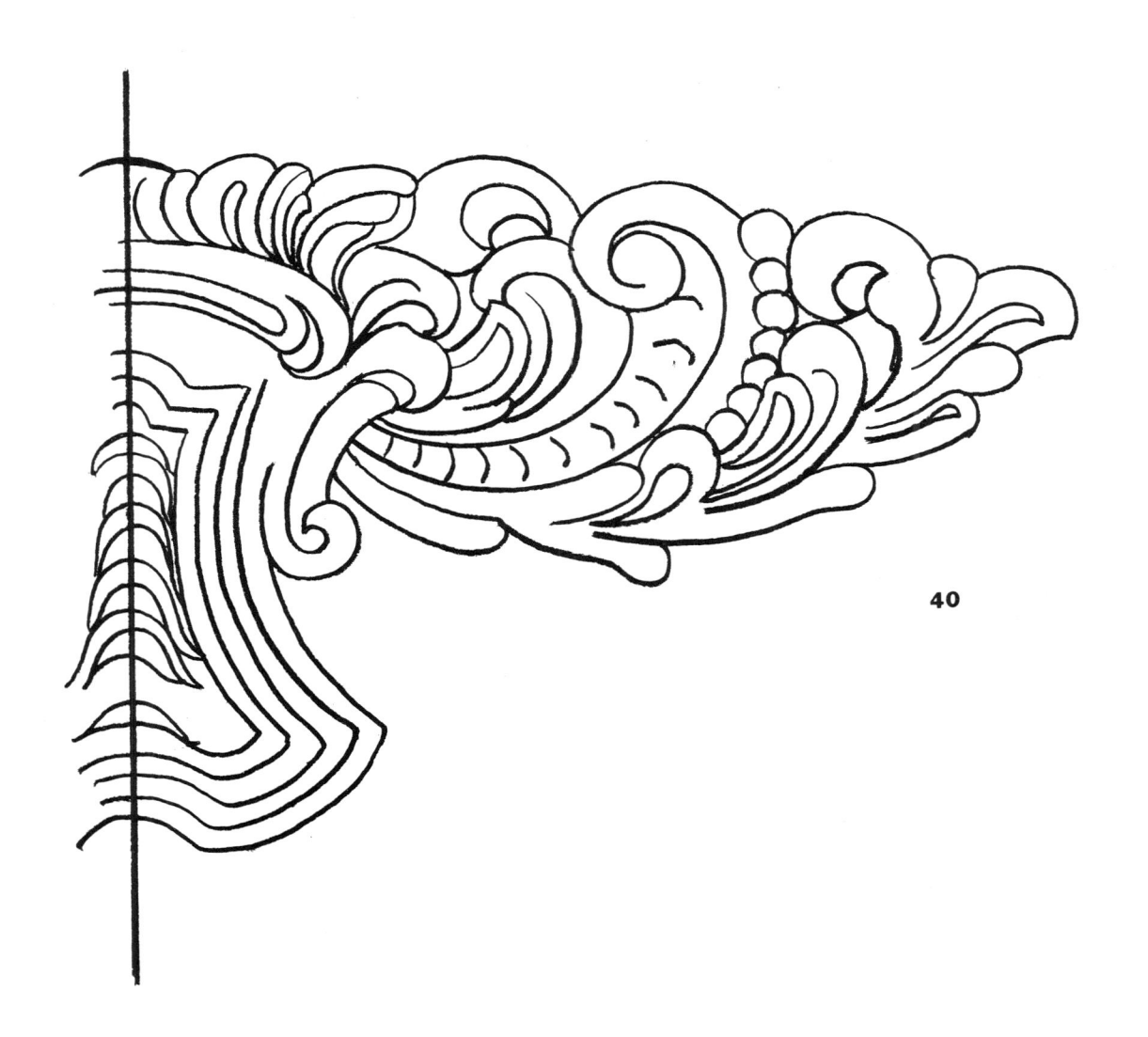

40

41

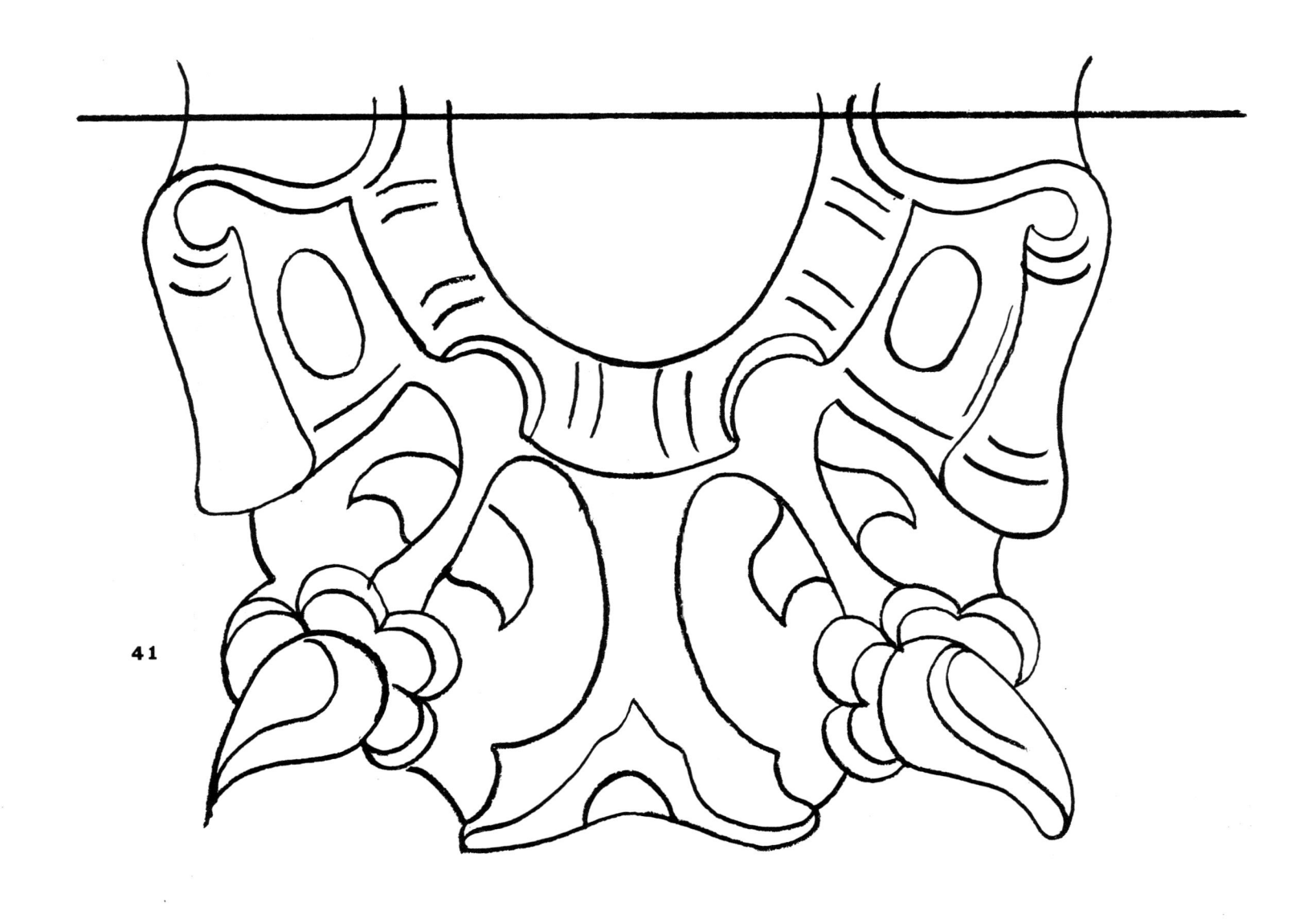

42

43

44

45

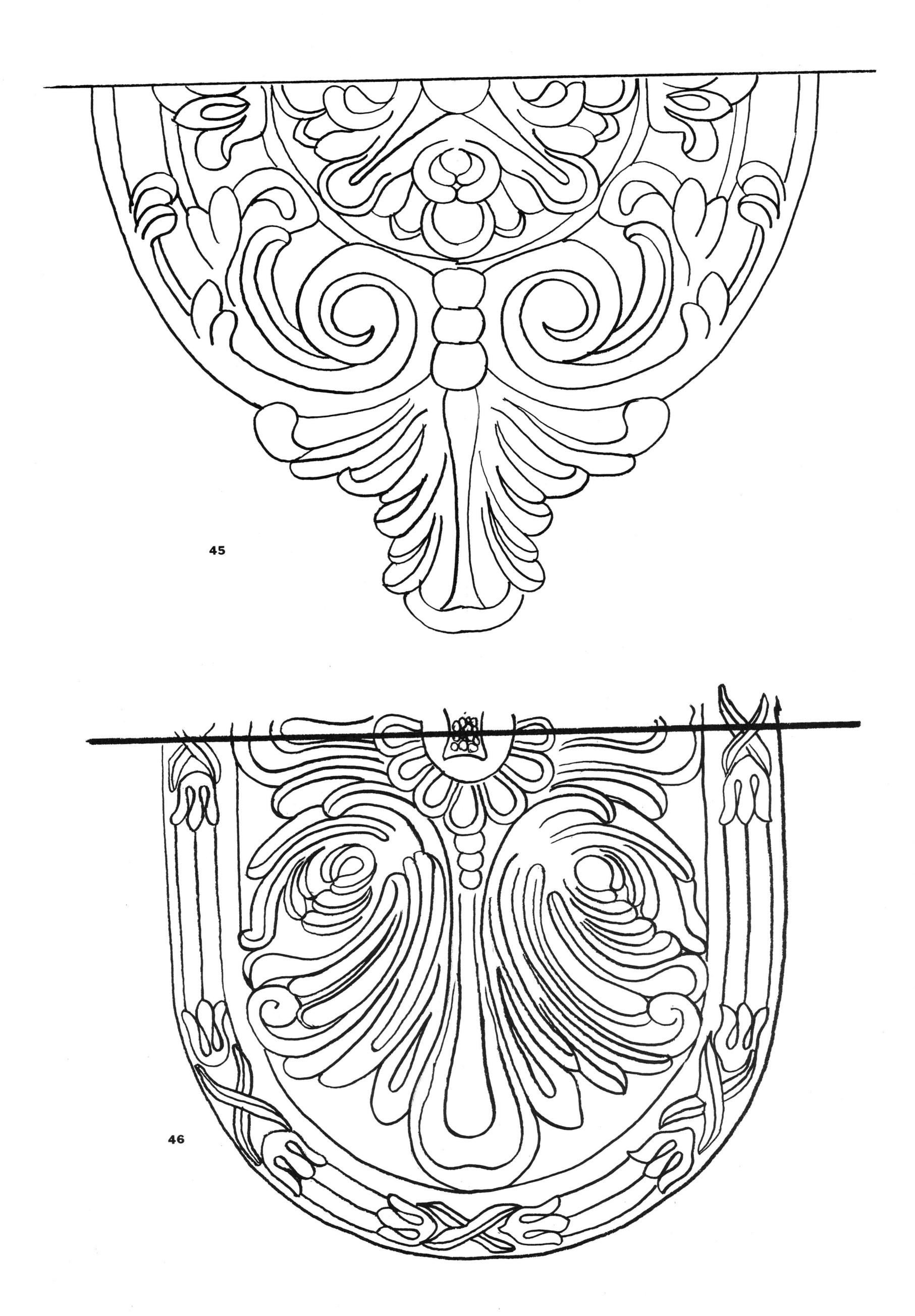

46

49

50

ML

50

51

52

53

54

55

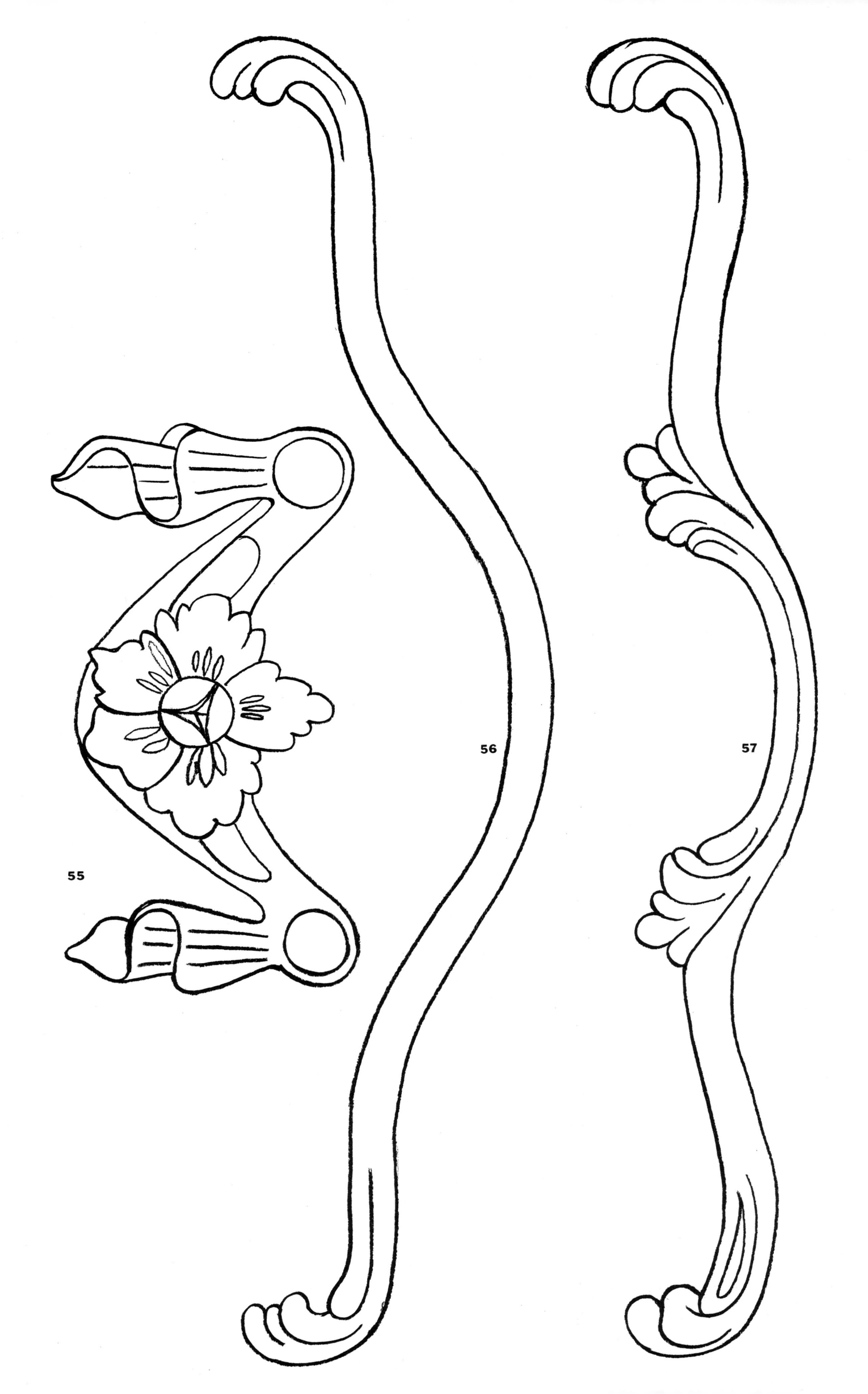

56

57

58

59

60

61

62

63

64

65

66

67

68

69

70

71

72

73

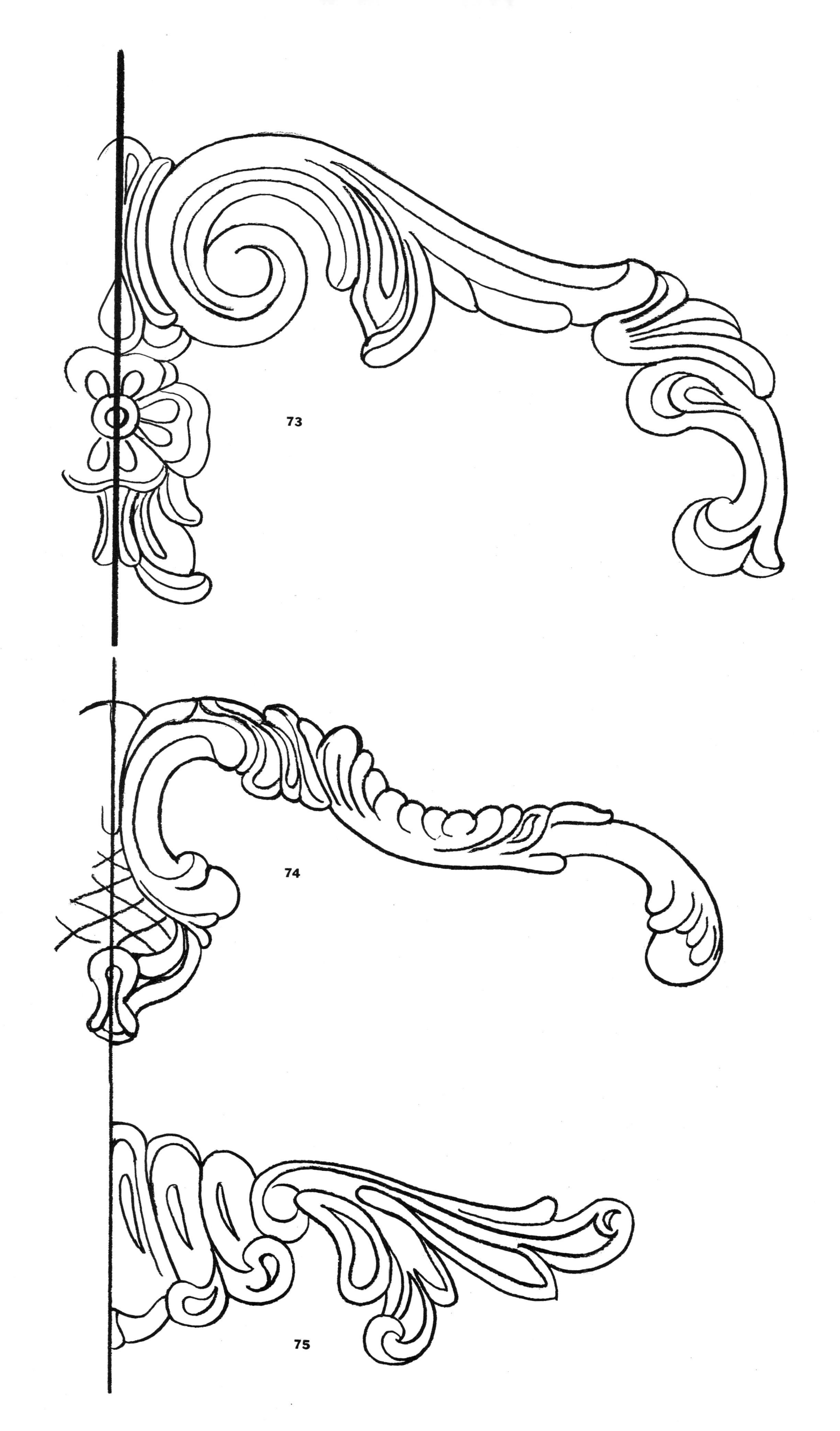

74

75

76

77

78

79

80

81

82

83

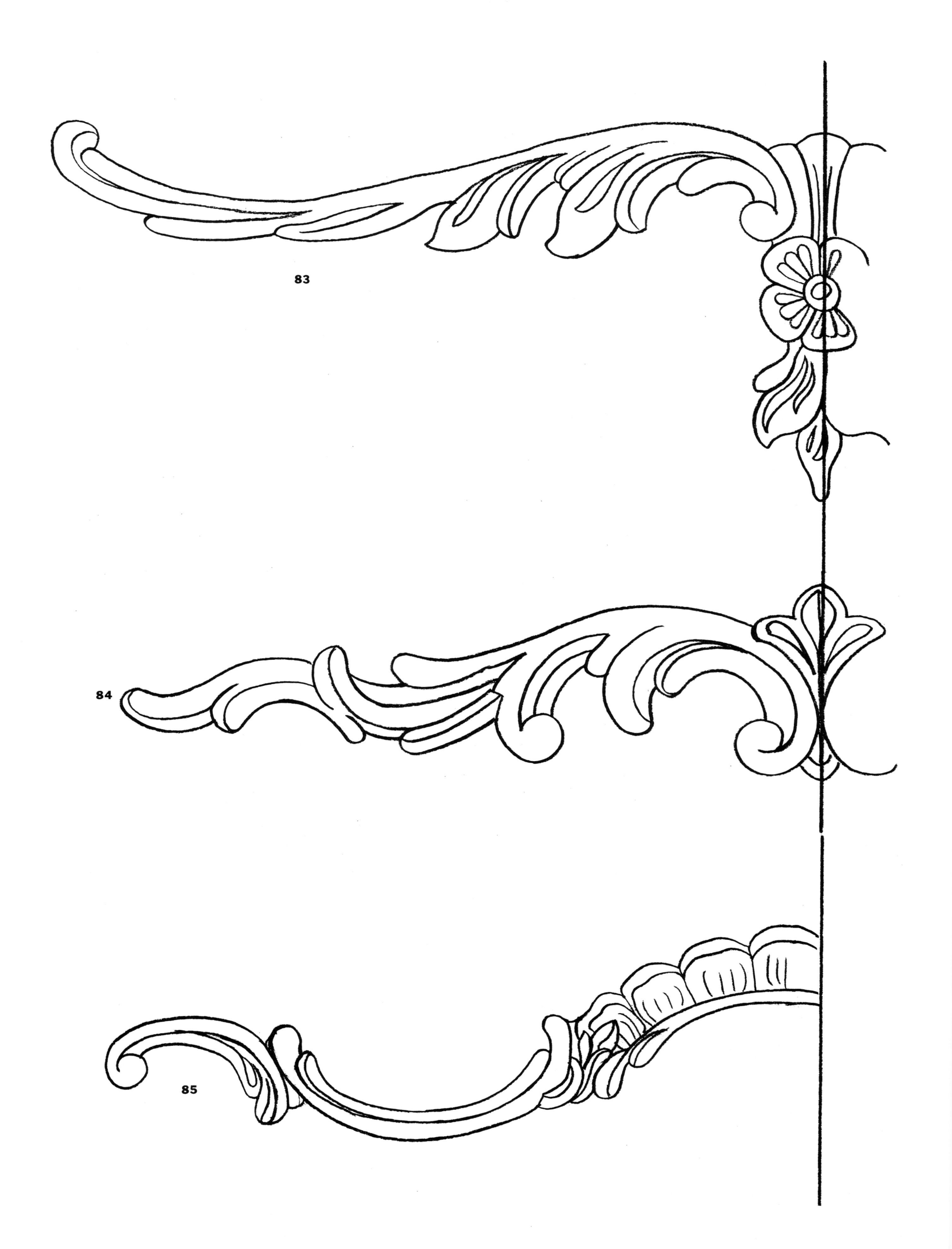

84

85

86

87

88

89

90

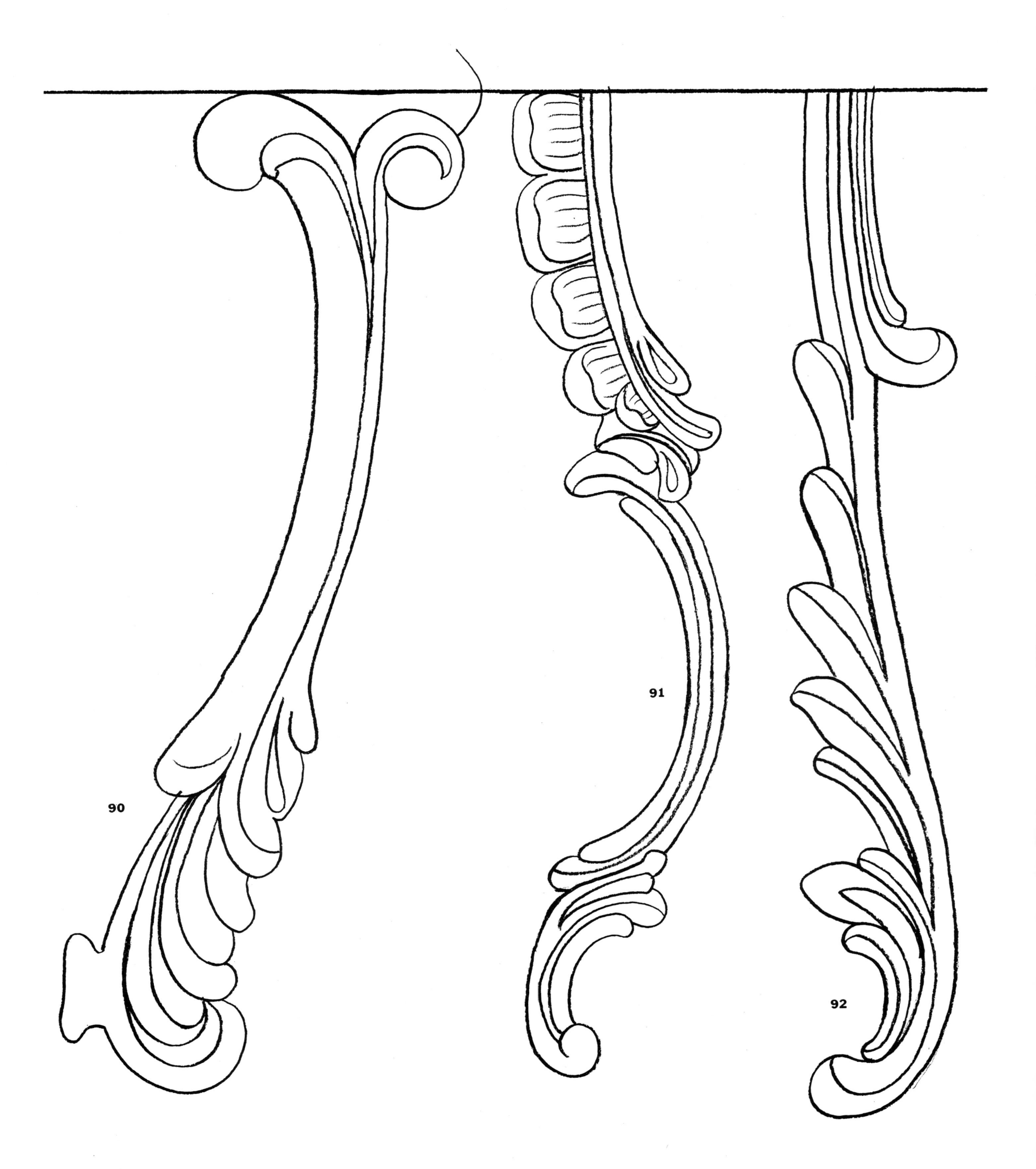

91

92

93

94

95

96

97

98

99

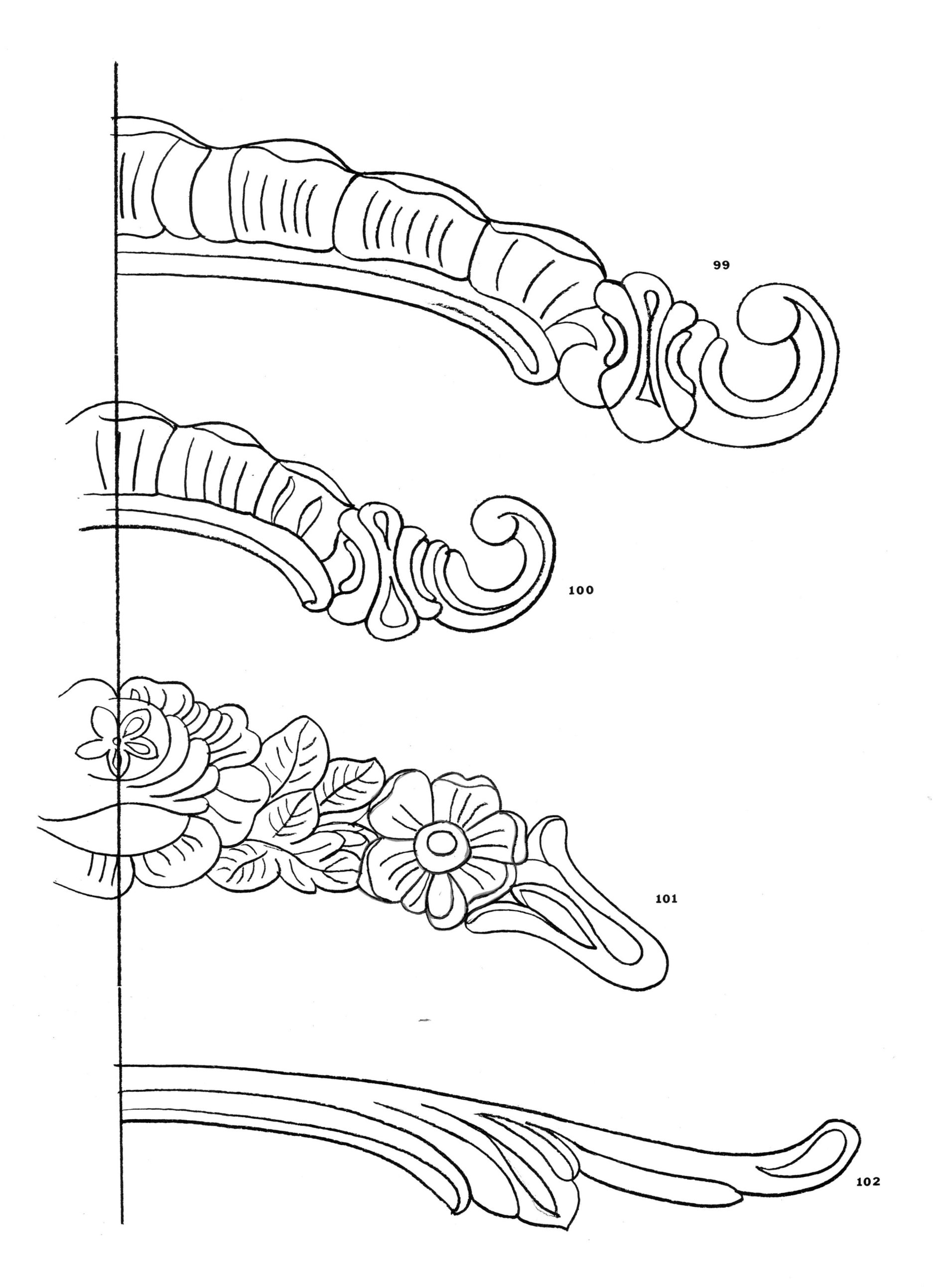

100

101

102

103

104

105

106

107

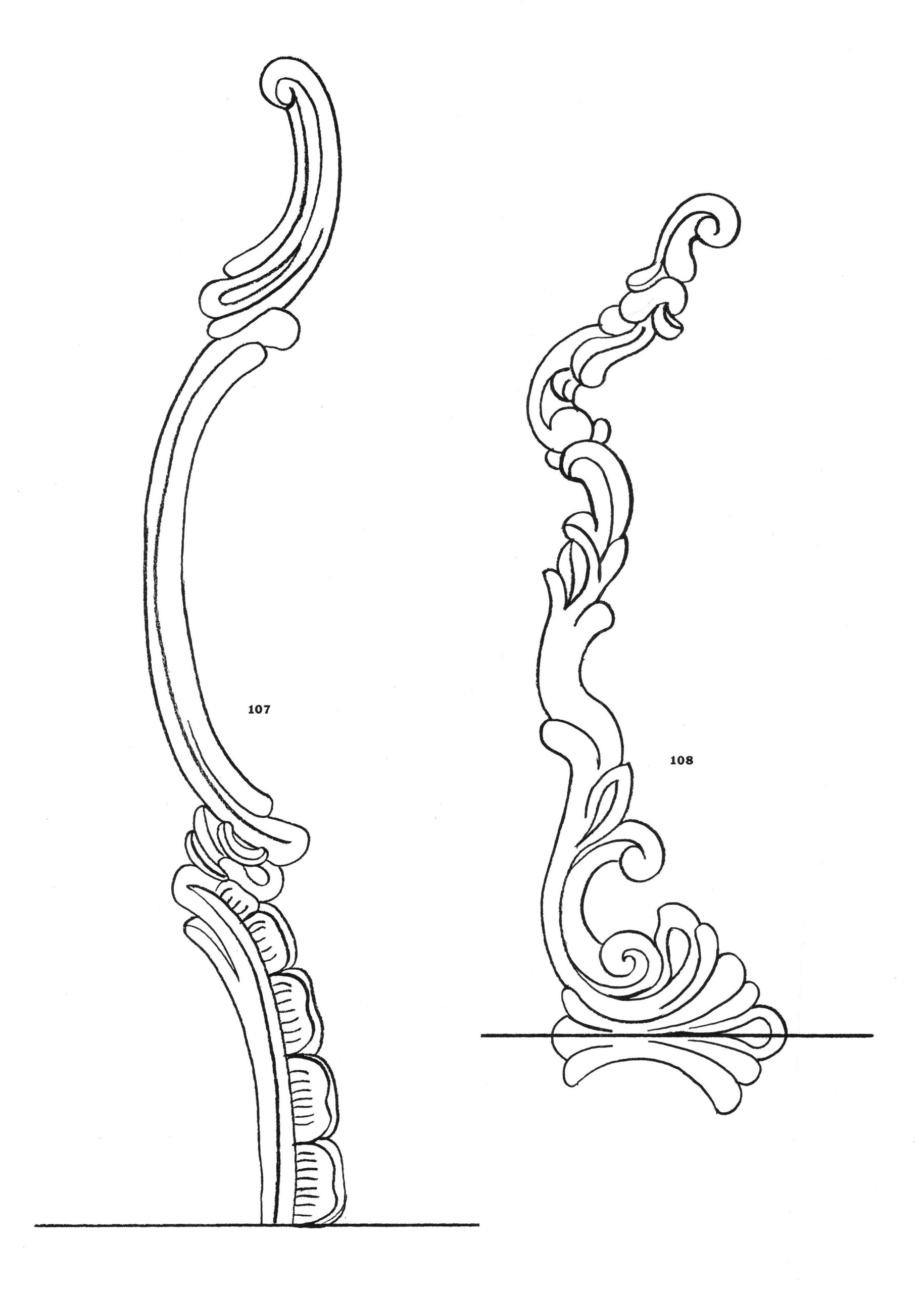

108

109

110

111

112

113

114

115

116

117   118

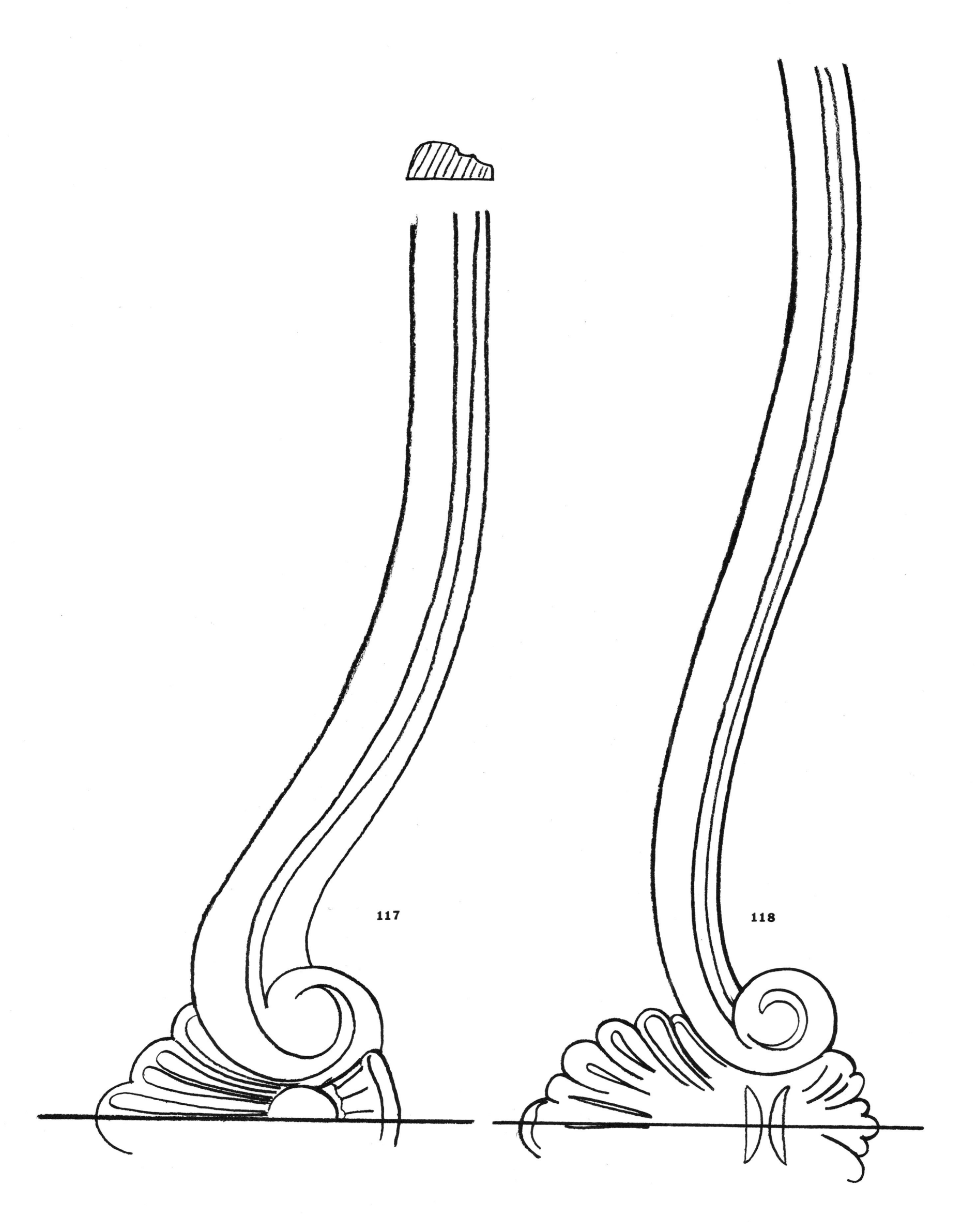

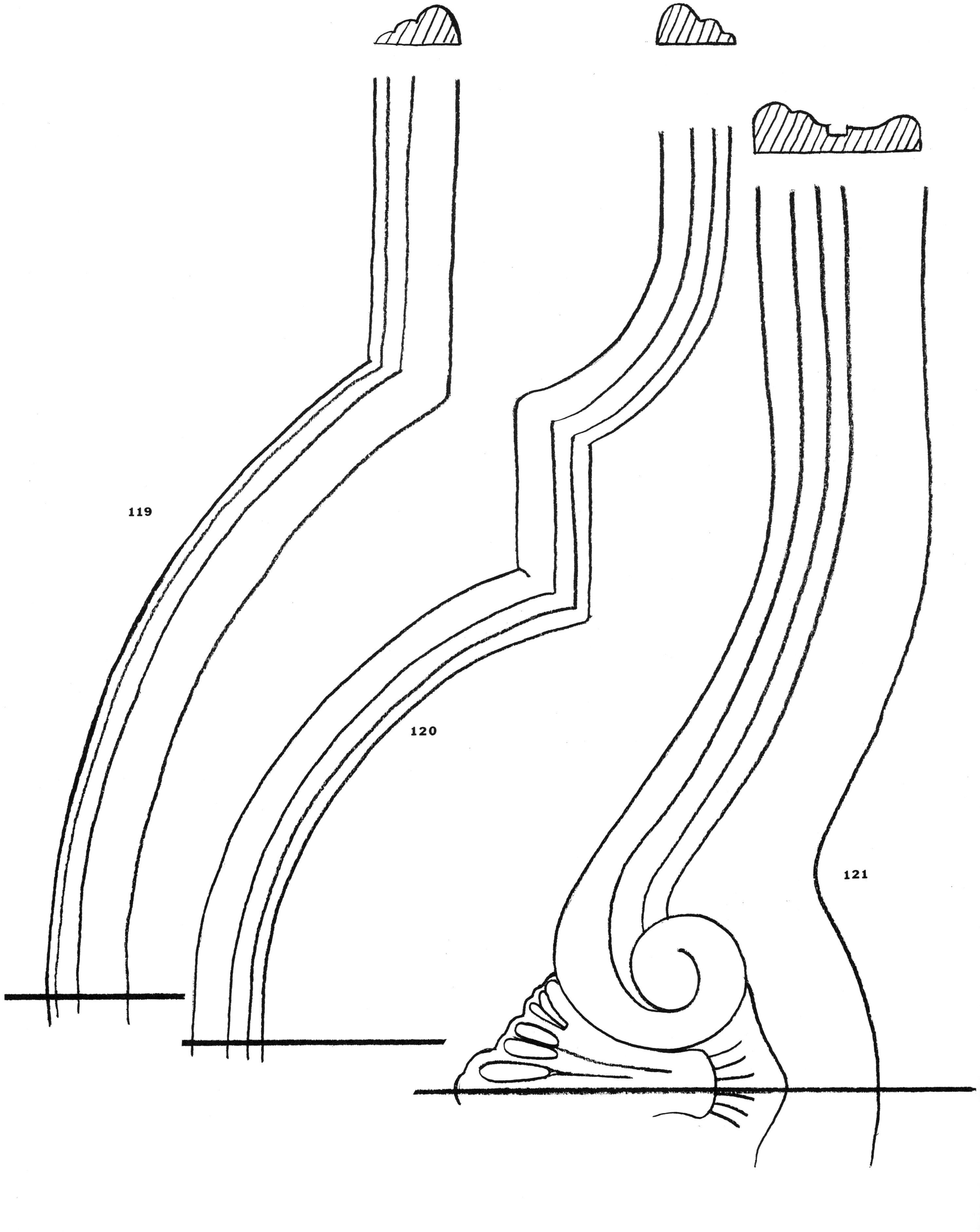

119

120

121

122

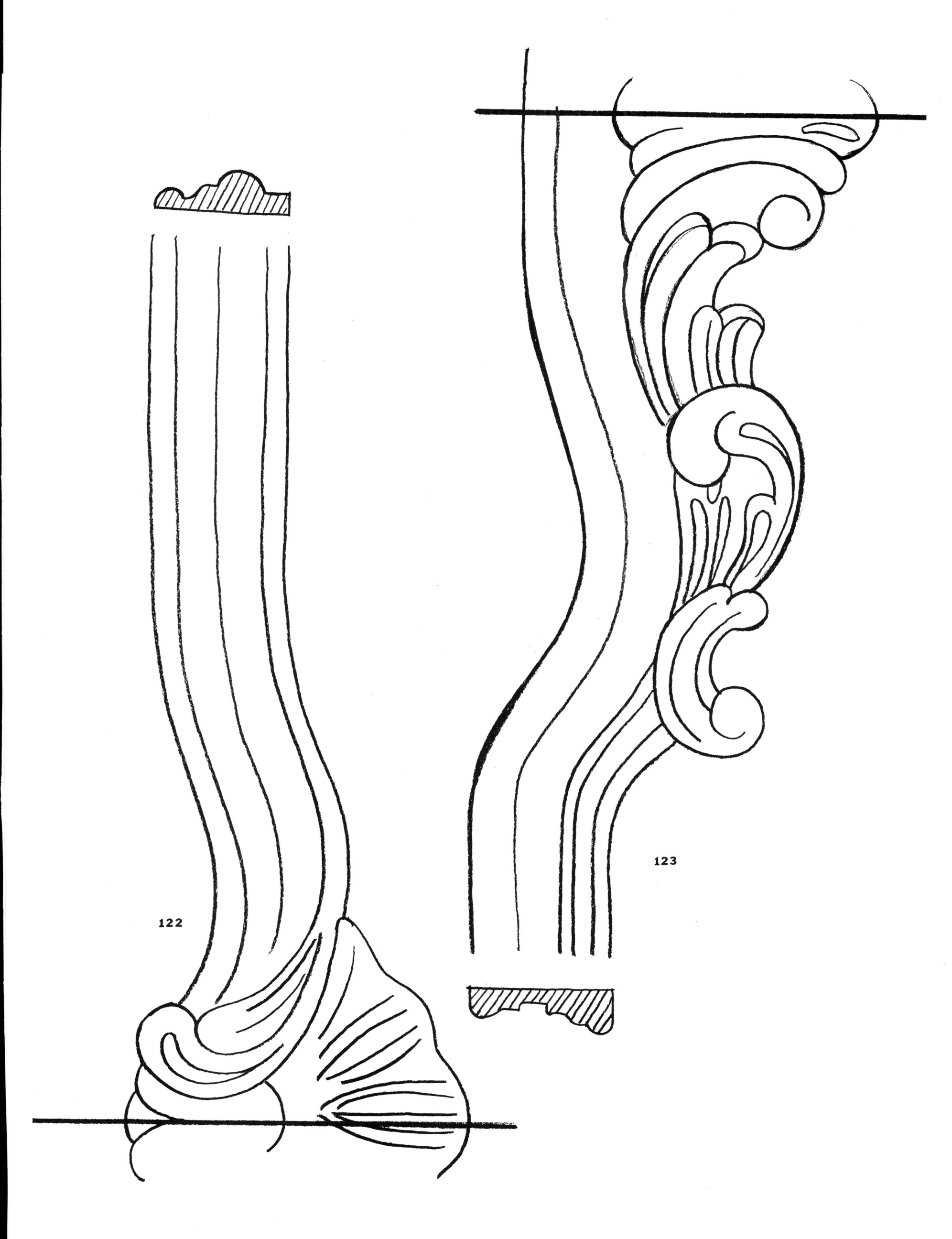

123

124

125

126

130

131

132

133

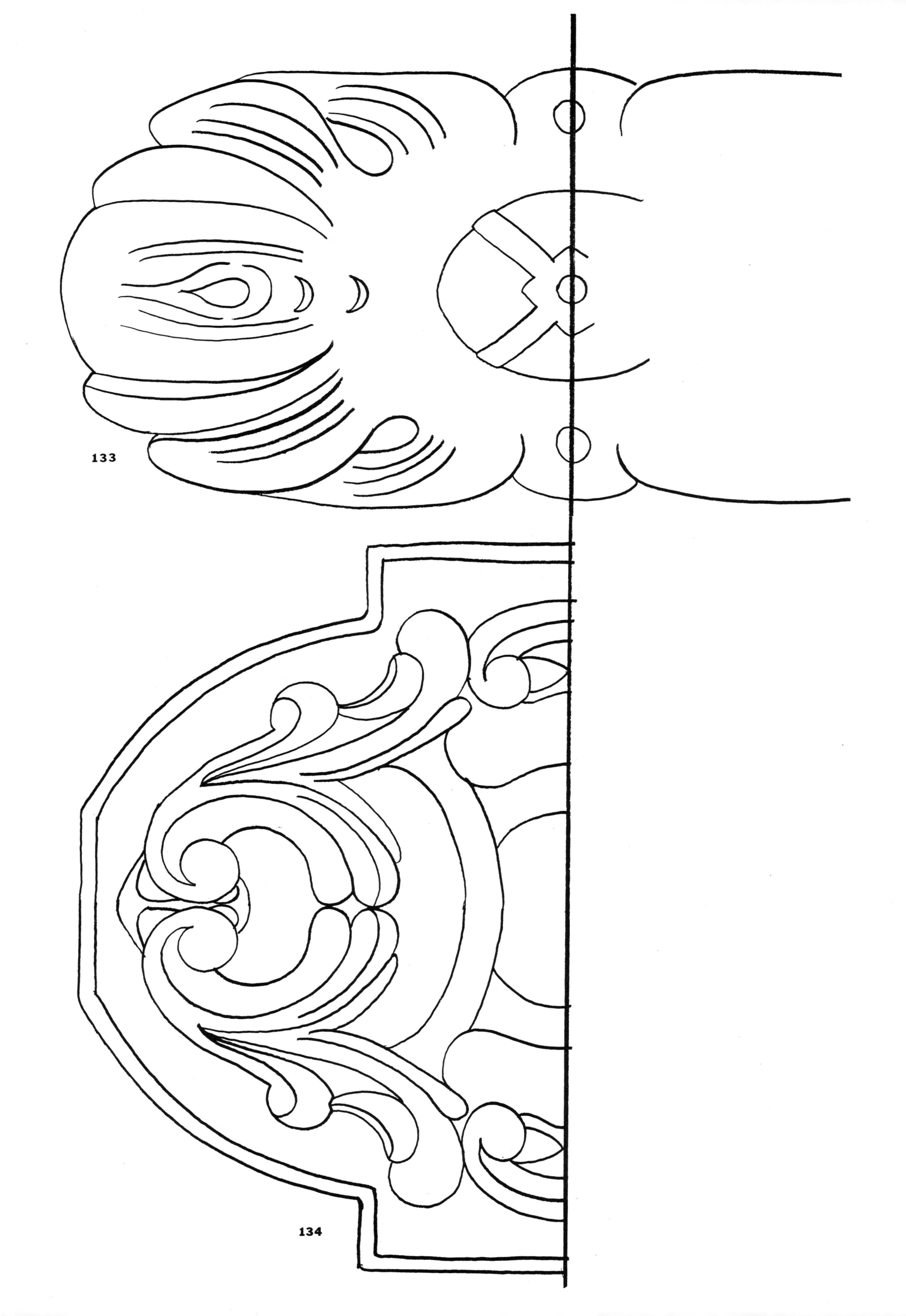

134

135

136

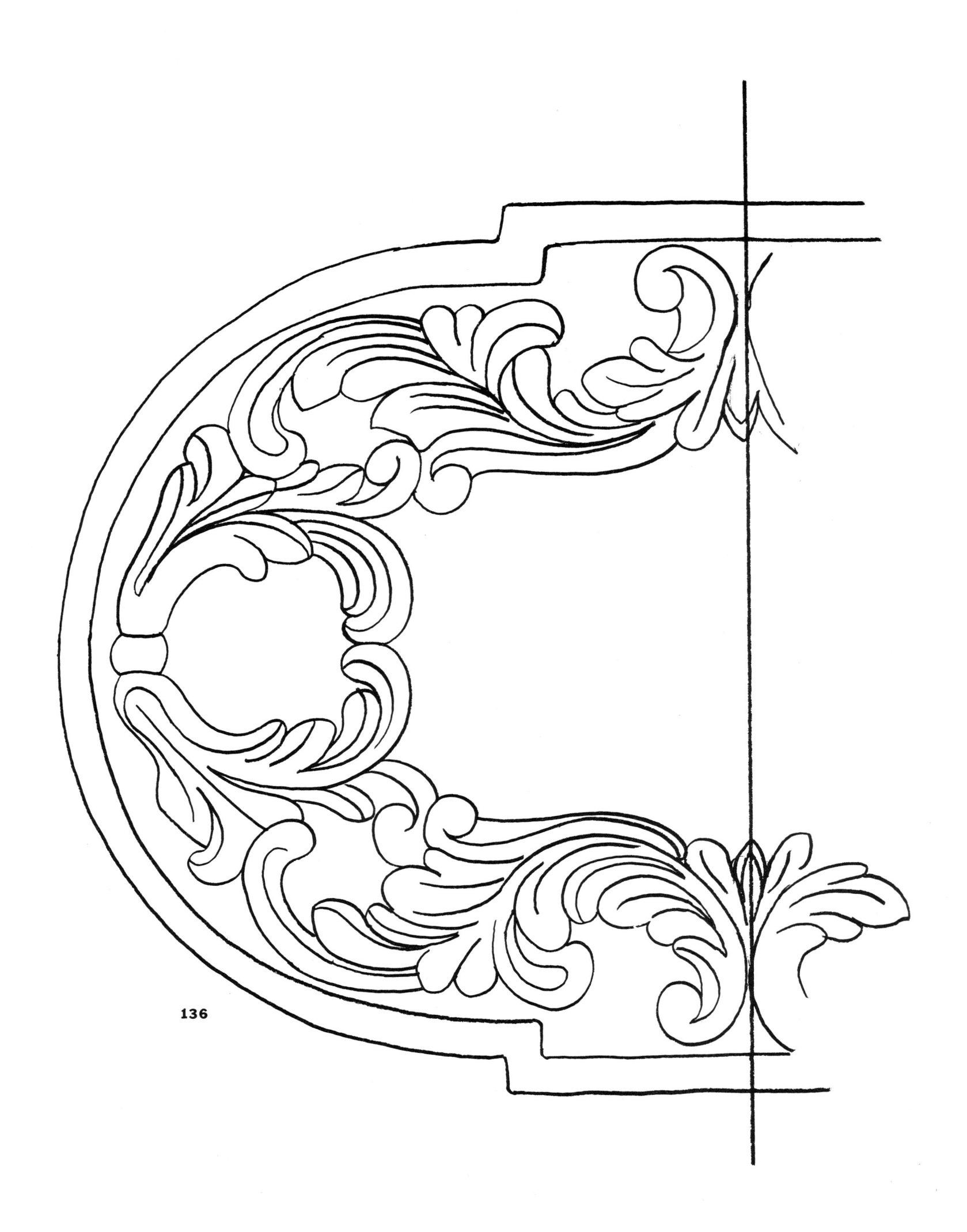

137

138

139

140

141

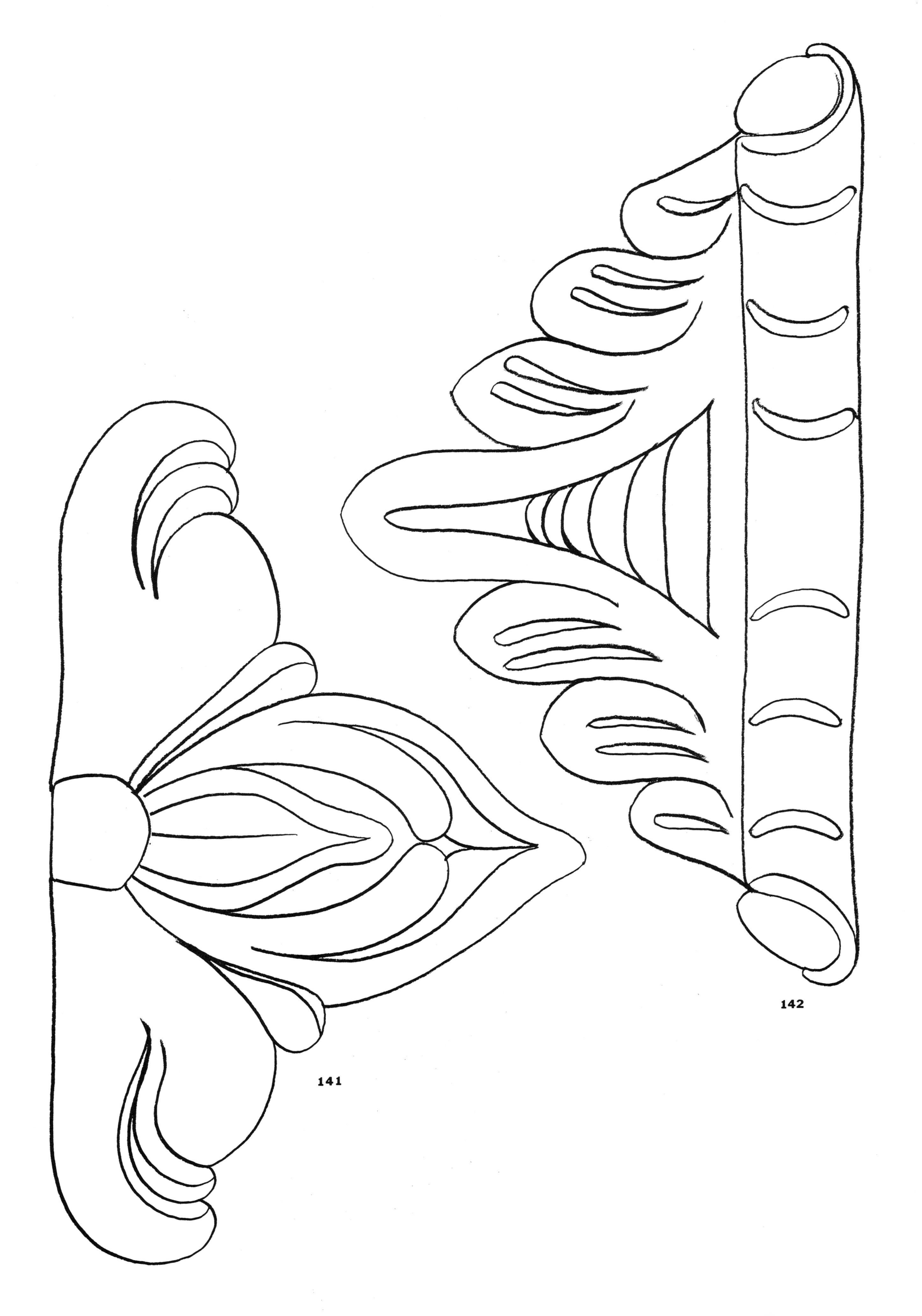

142

144

143

145

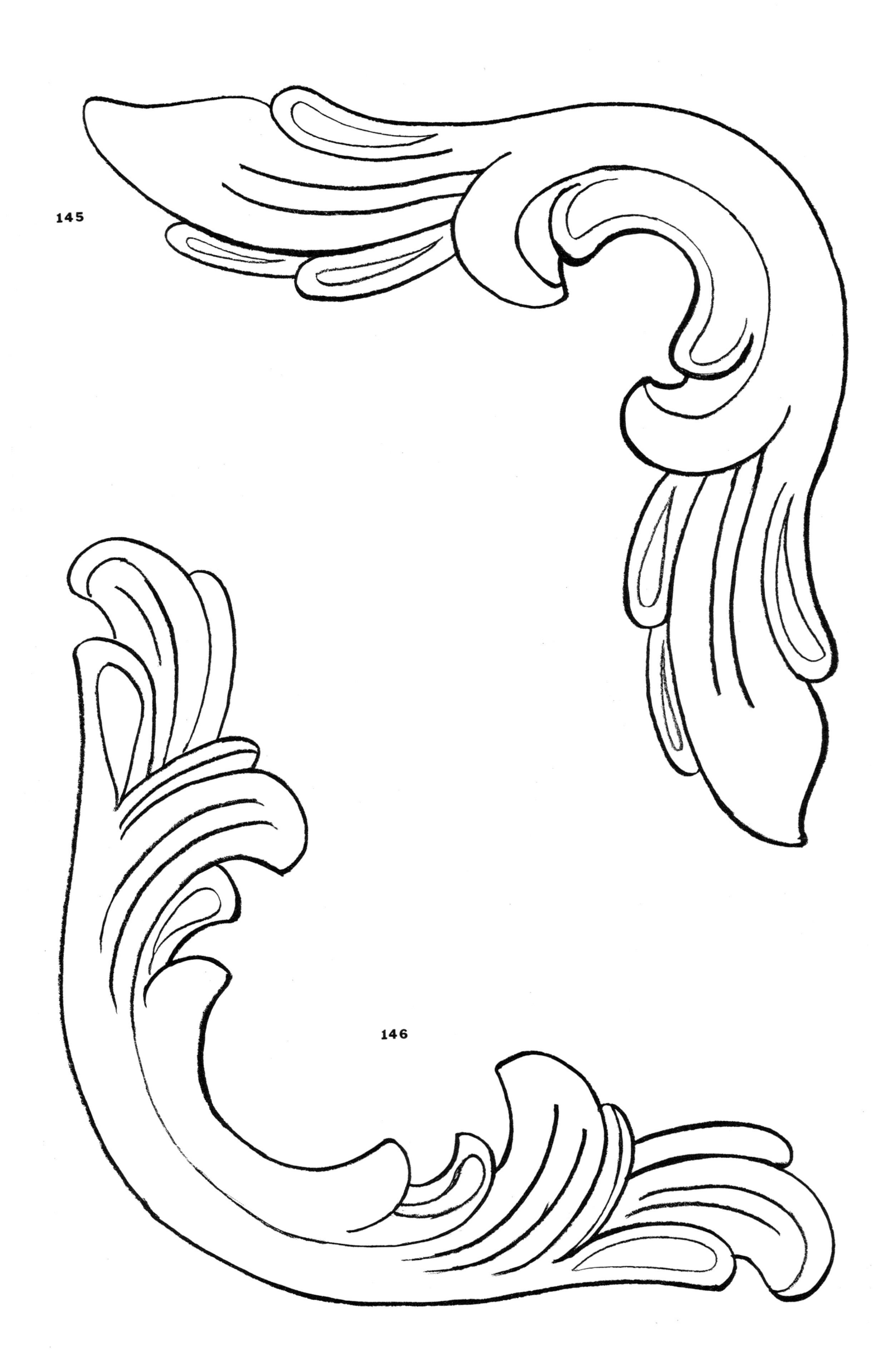

146

147

148

149

150

151

152

153

154

155

156

157

158

161

162

163

166

165

164

167 168 169

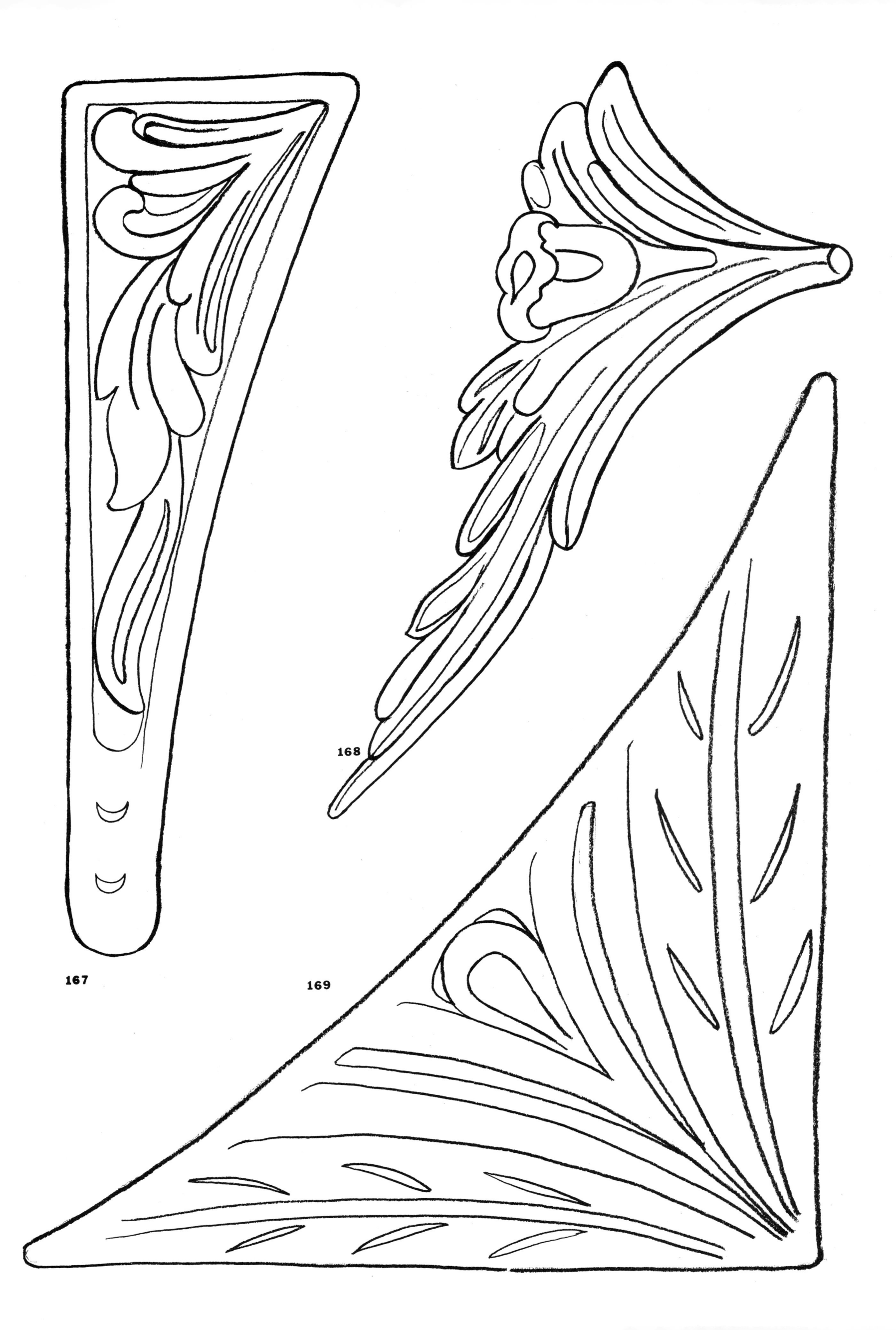

170

171

172

173

174

175

176

177

178

179

180

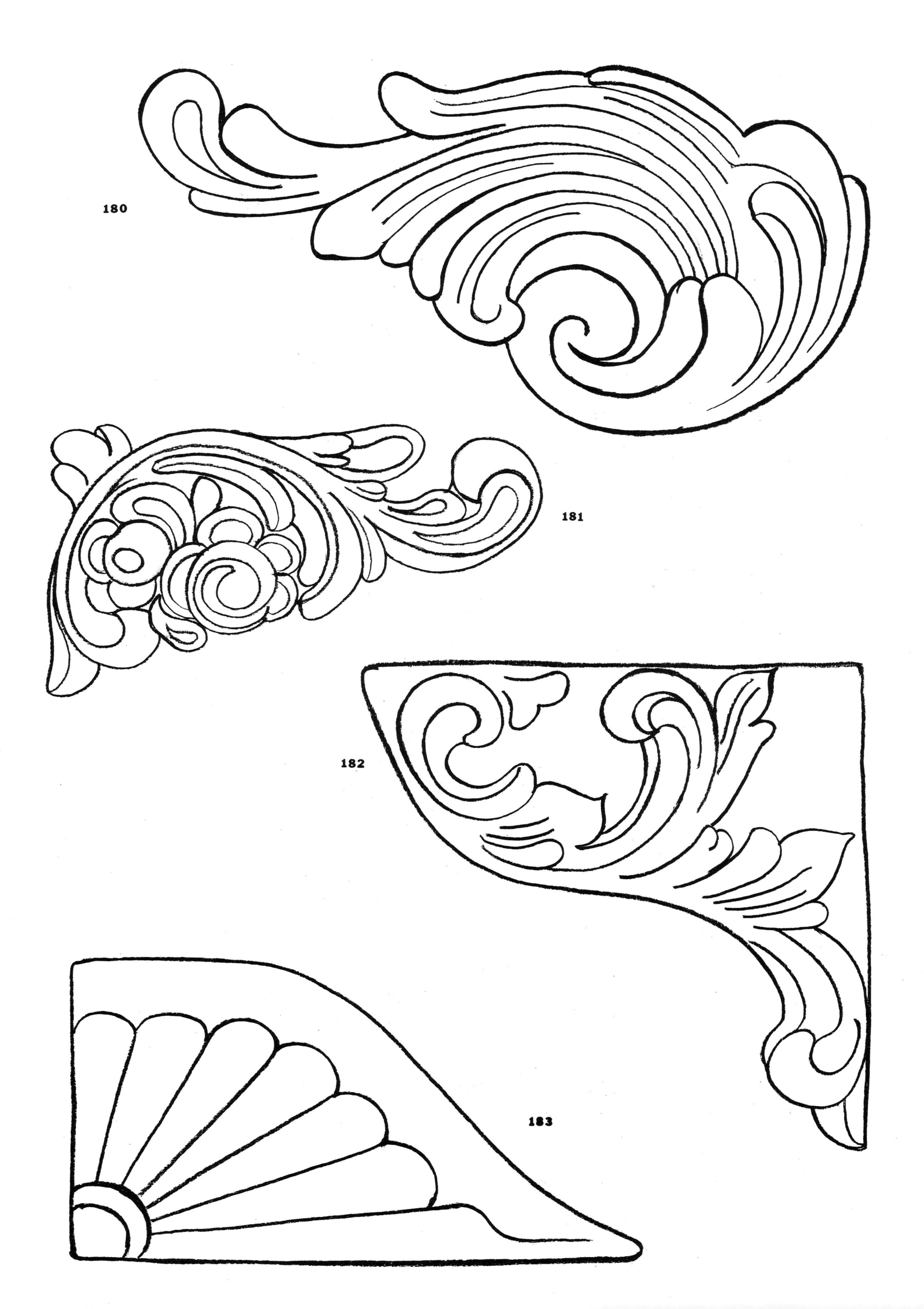

181

182

183

184

185

186

187

188

189

190

191

192

193

194

195

196

197

198

199

200

201

202

203

204

205

206

207

208

209

210

211

212

213

214

215

216

217

218

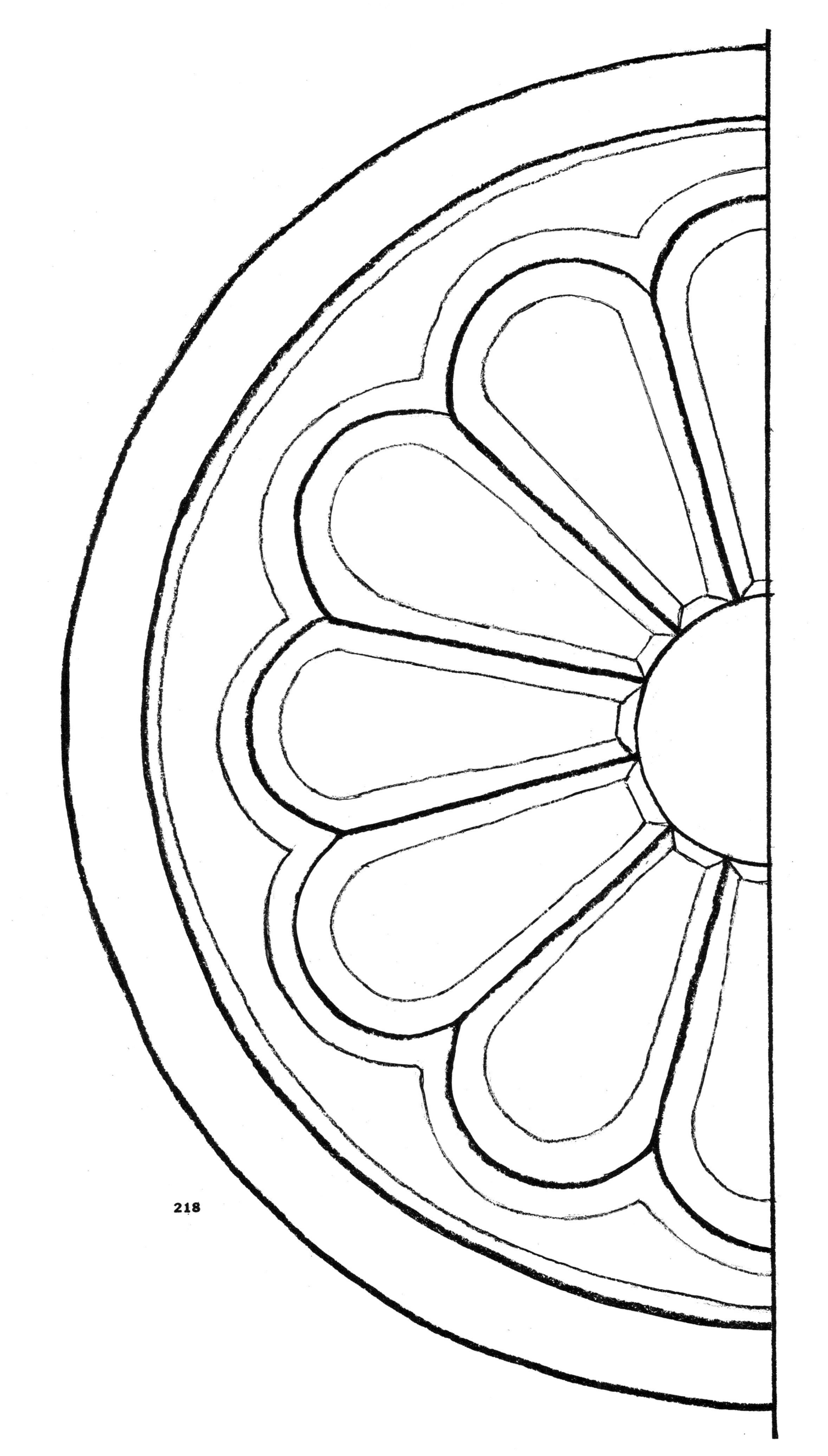

219

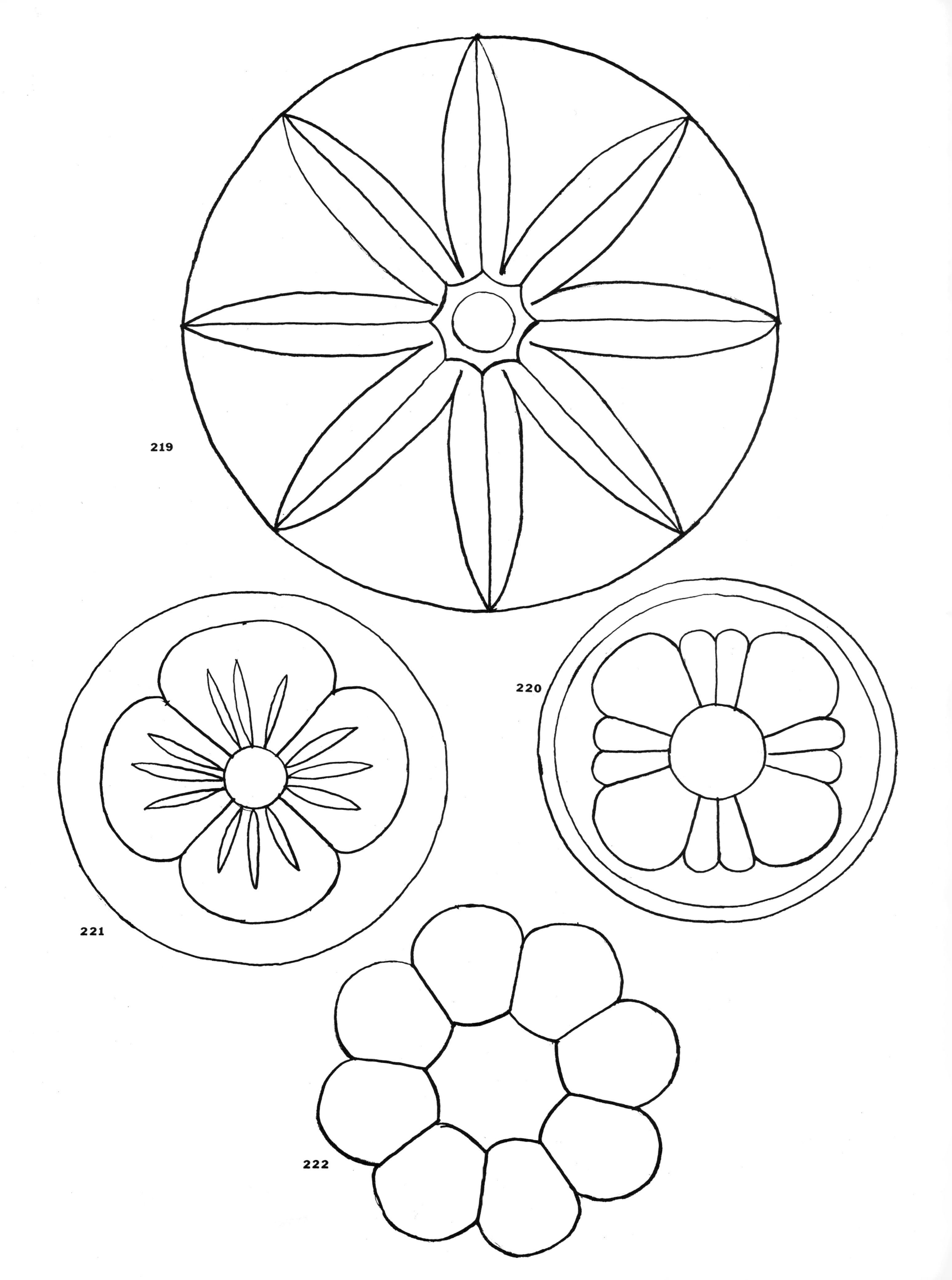

220

221

222

223

224

225

226

227

228

229

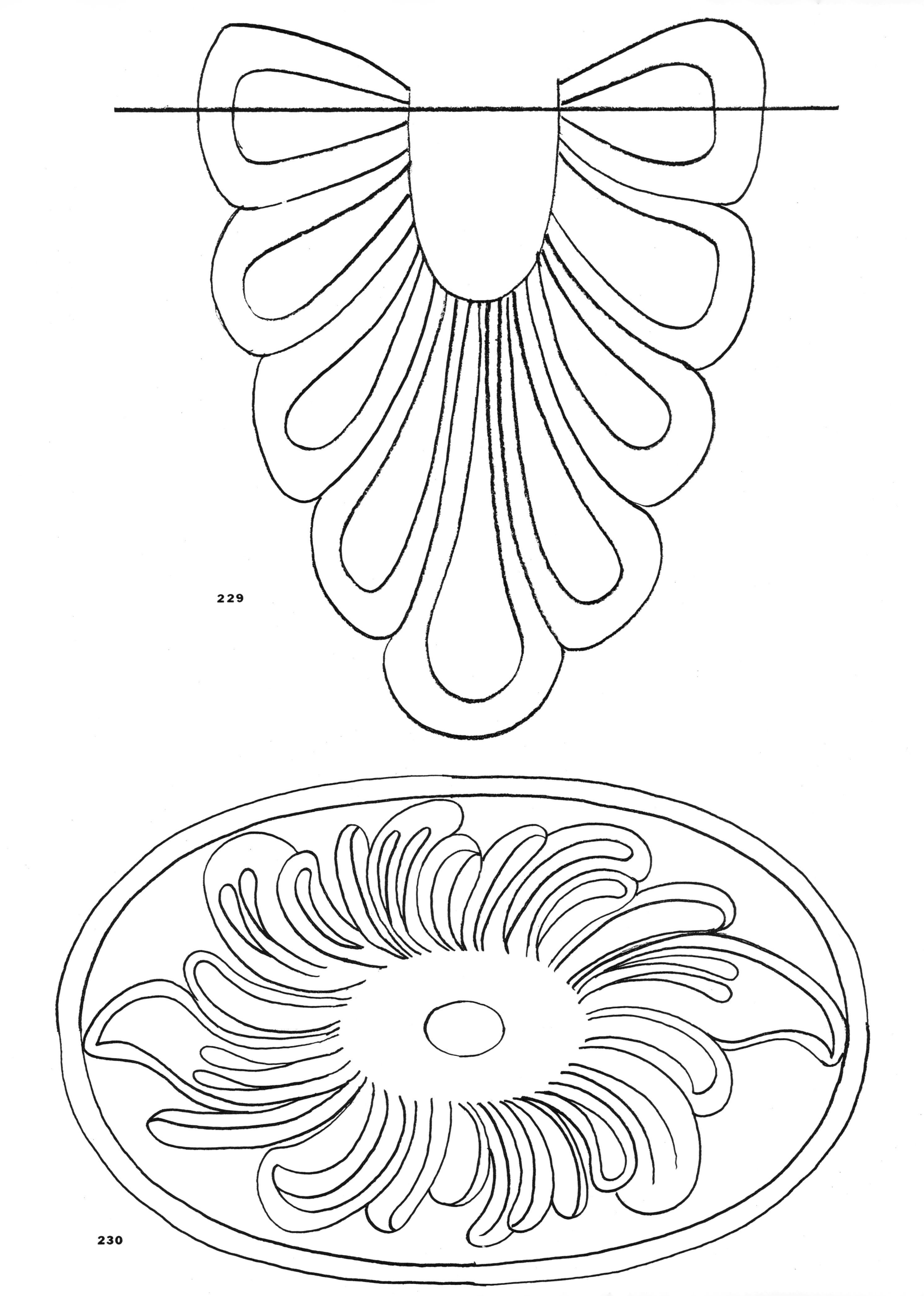

230

231

232   233

237

238

239

240

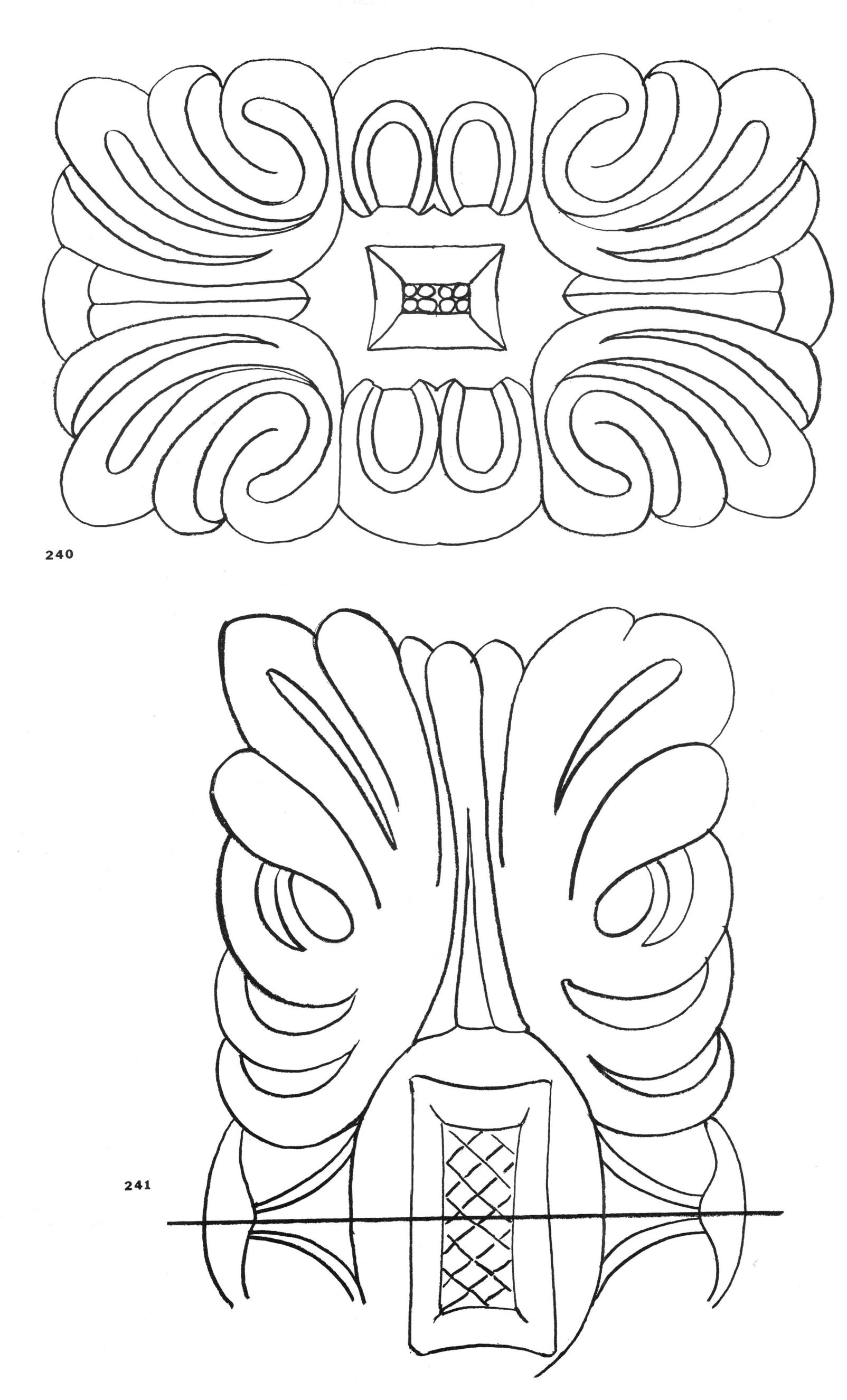

241

242

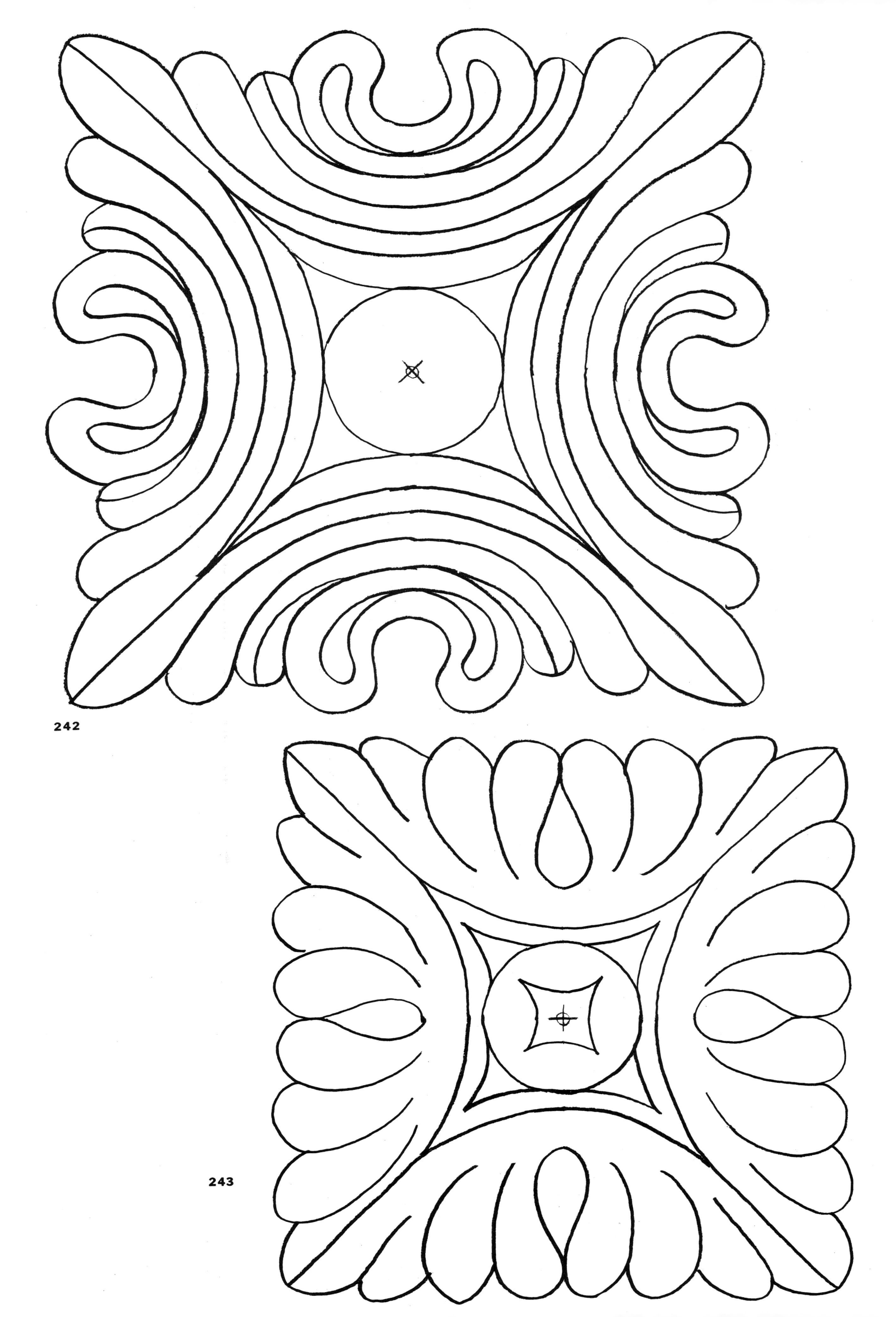

243

244

245

246

247

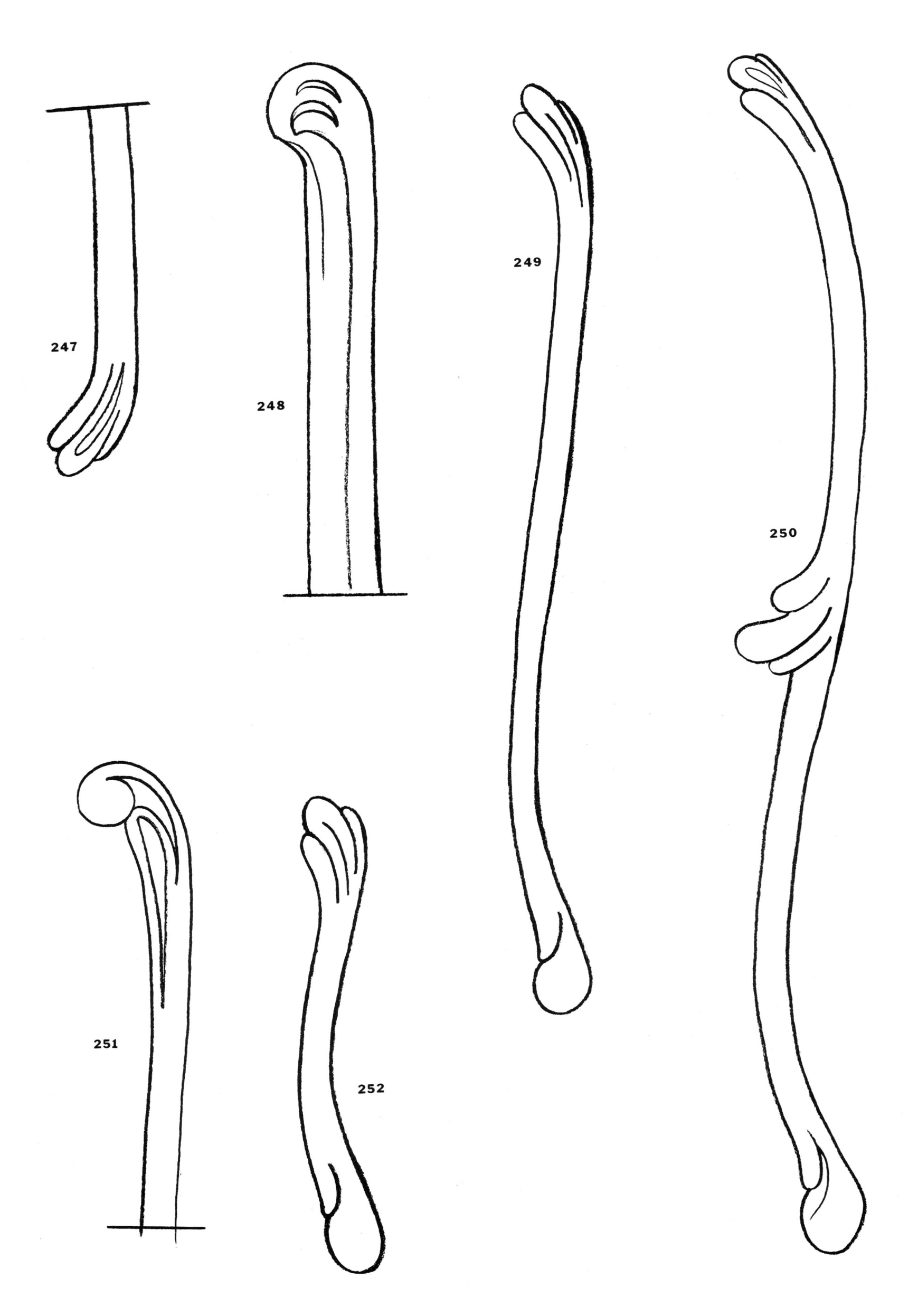

248

249

250

251

252

255

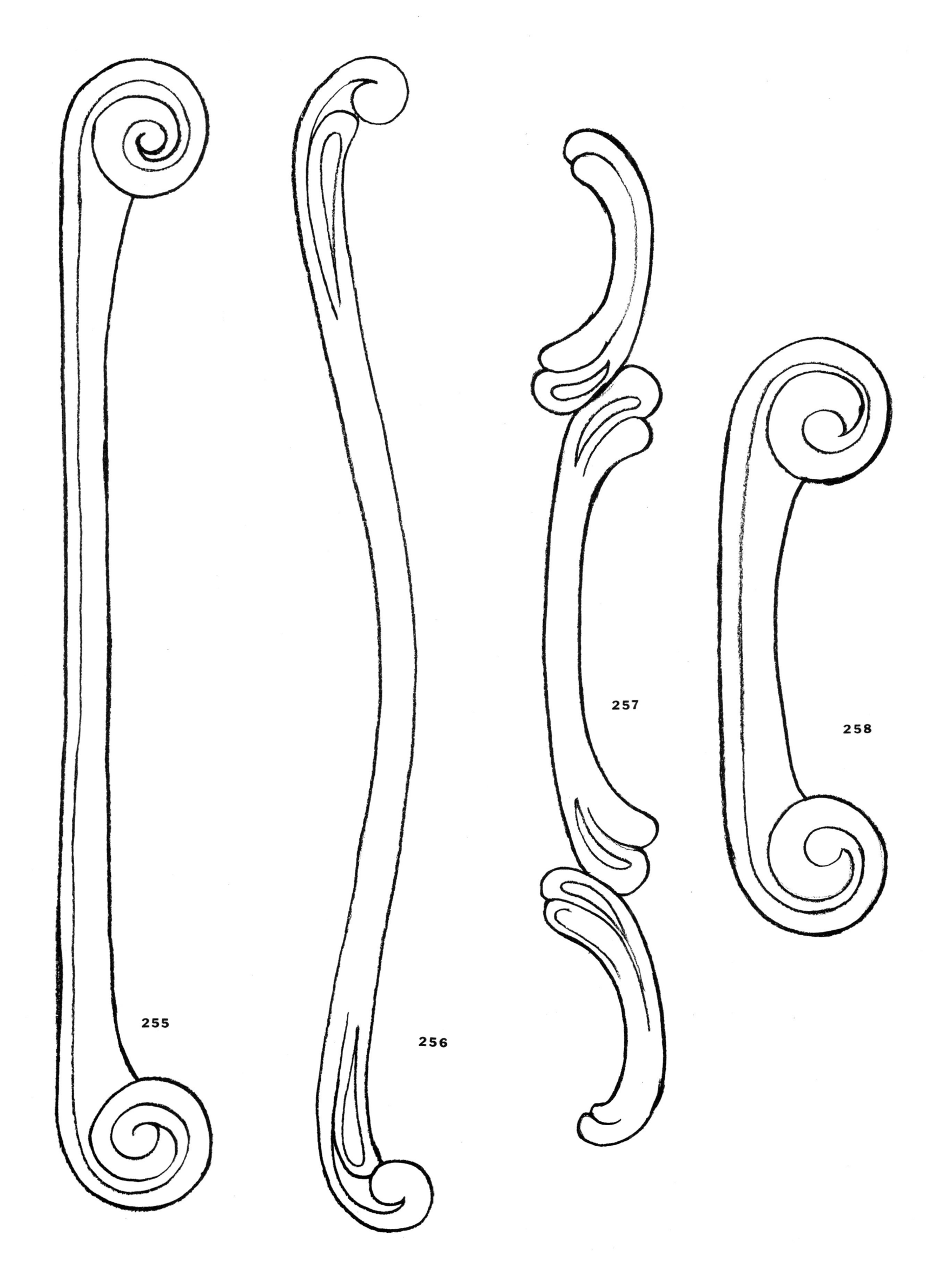

256

257

258

259

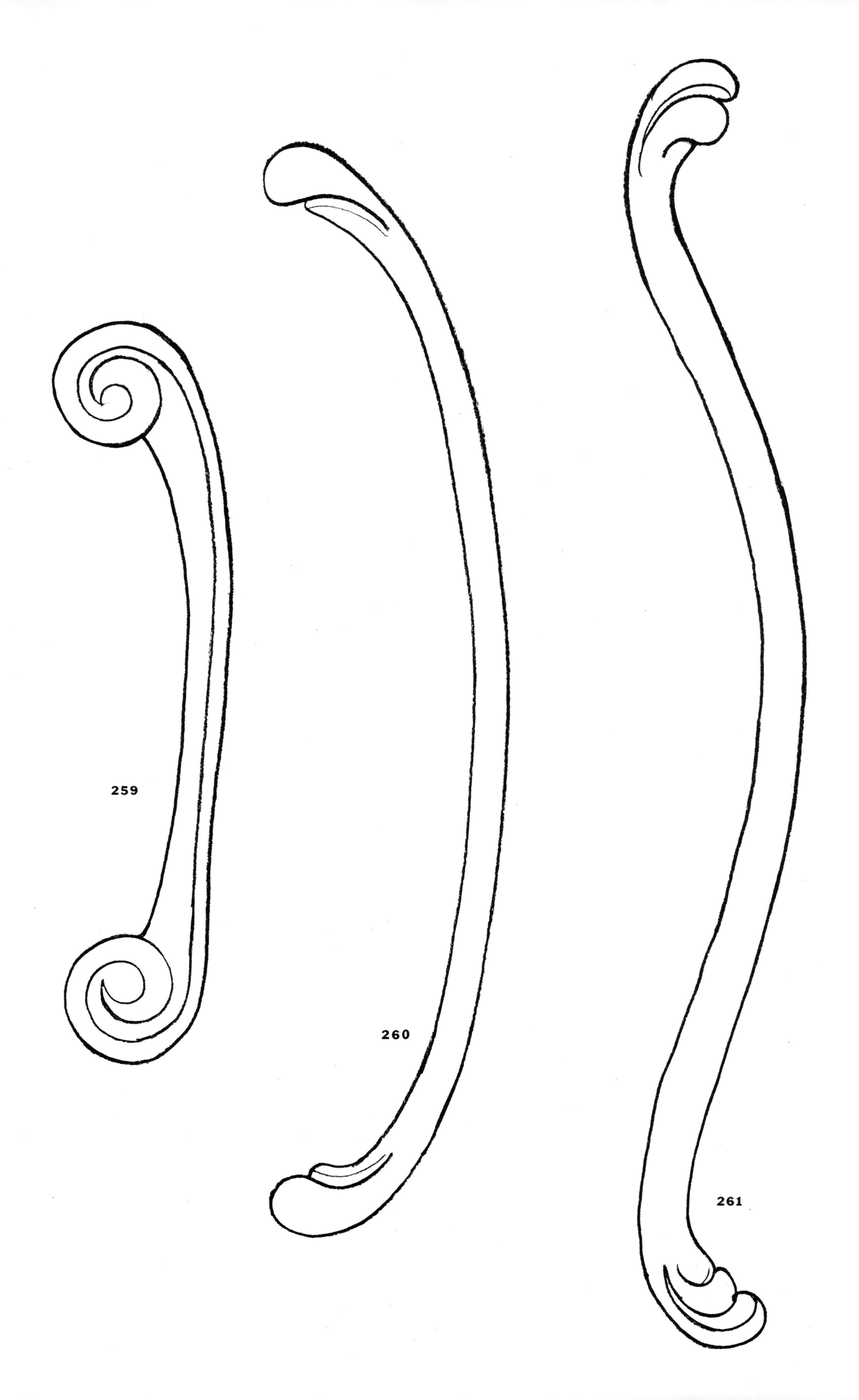

260

261

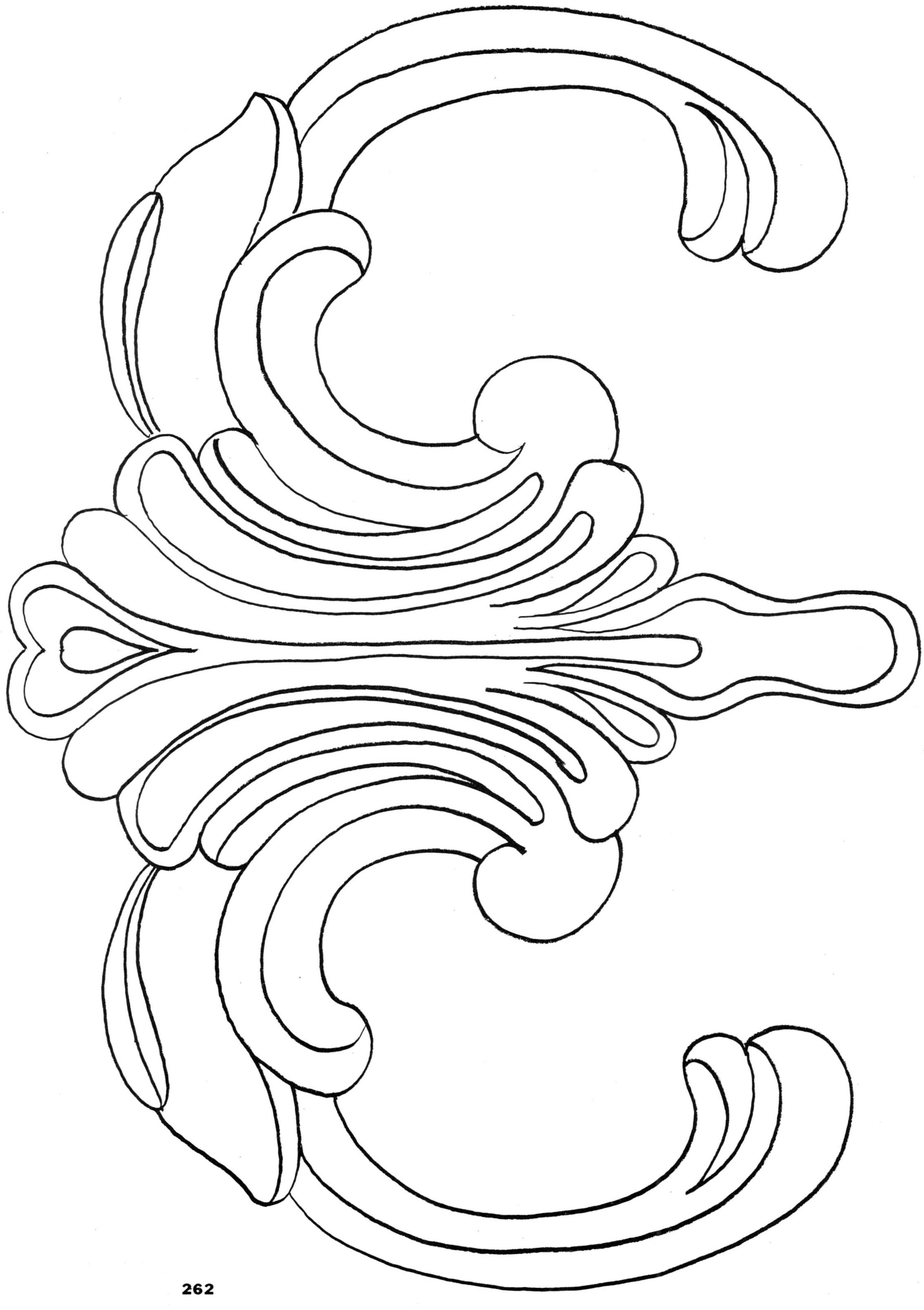

263

264

265

266

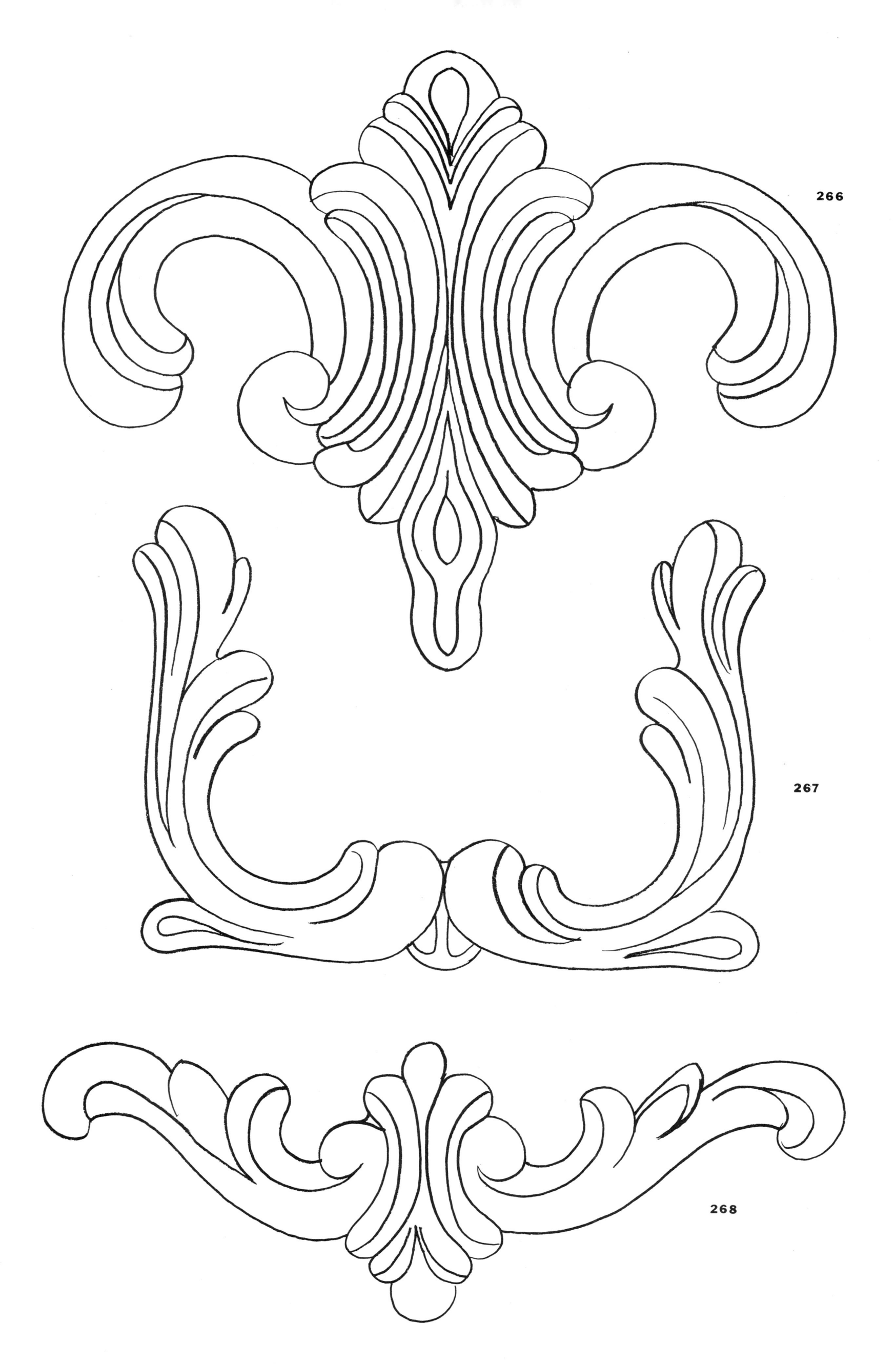

267

268

269

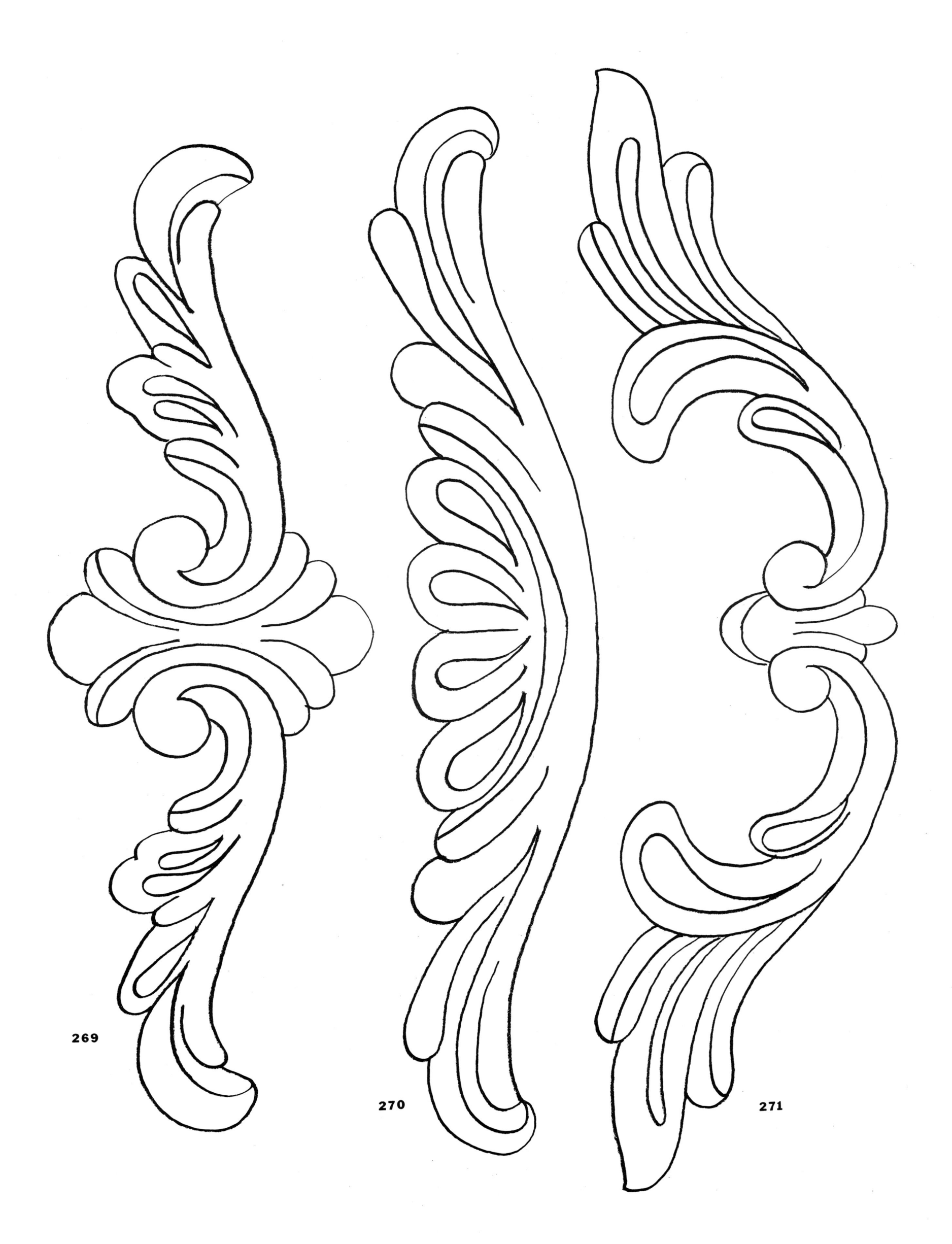

270

271

272

273

274

275

276

277

278

279

280

281

282

283

284

285

286

287

288

289

290

291

292

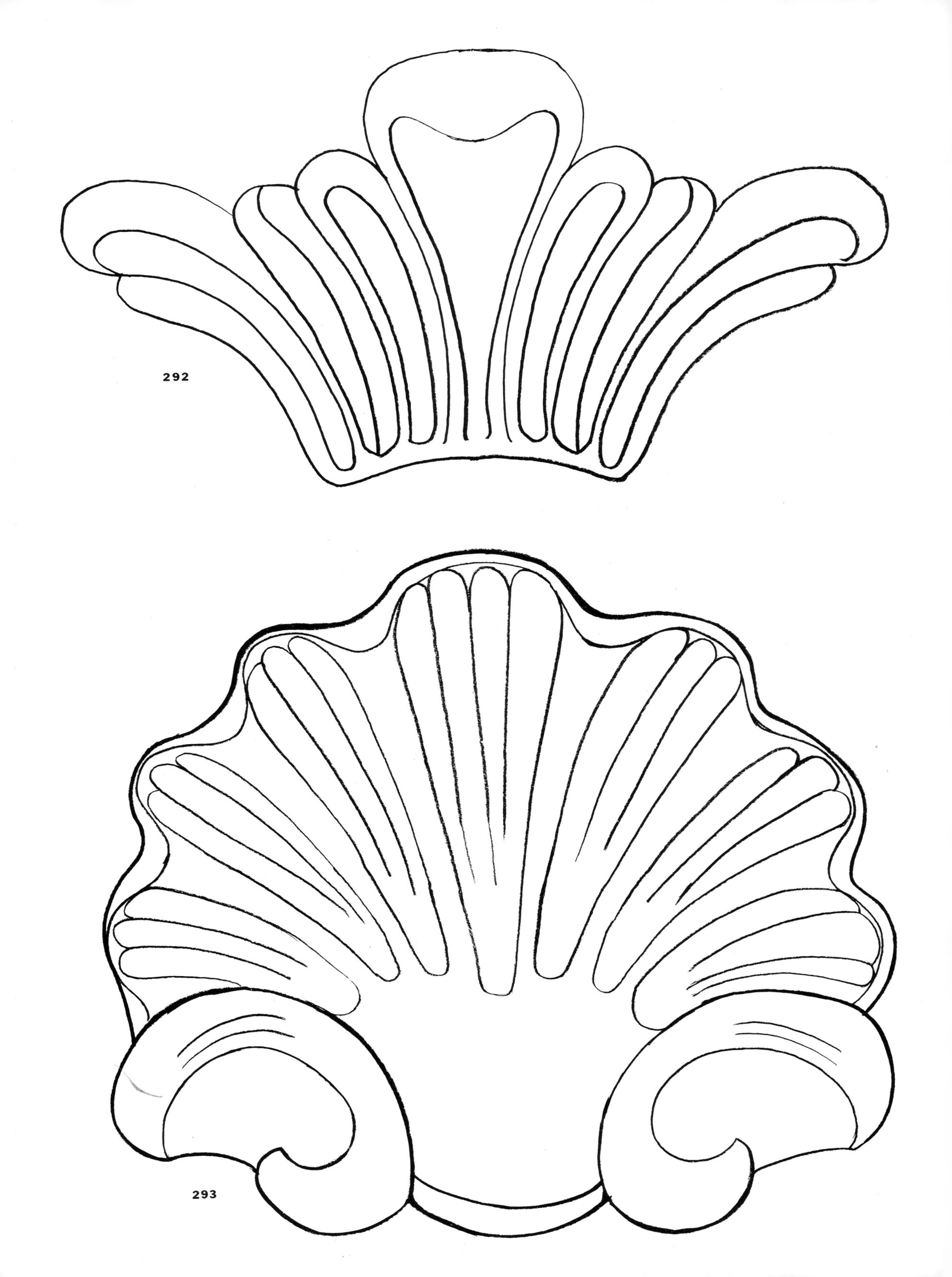

293

298

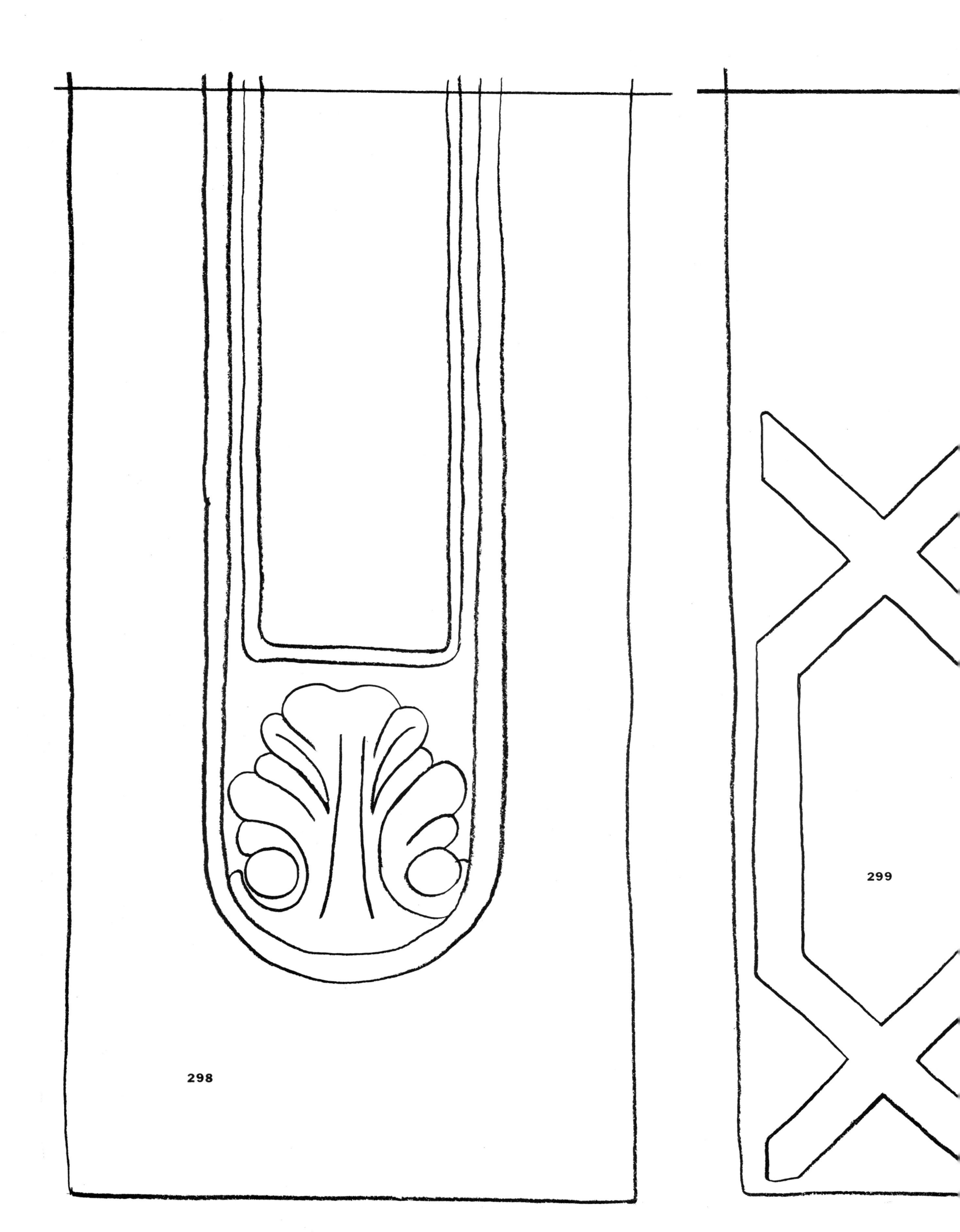

299

300

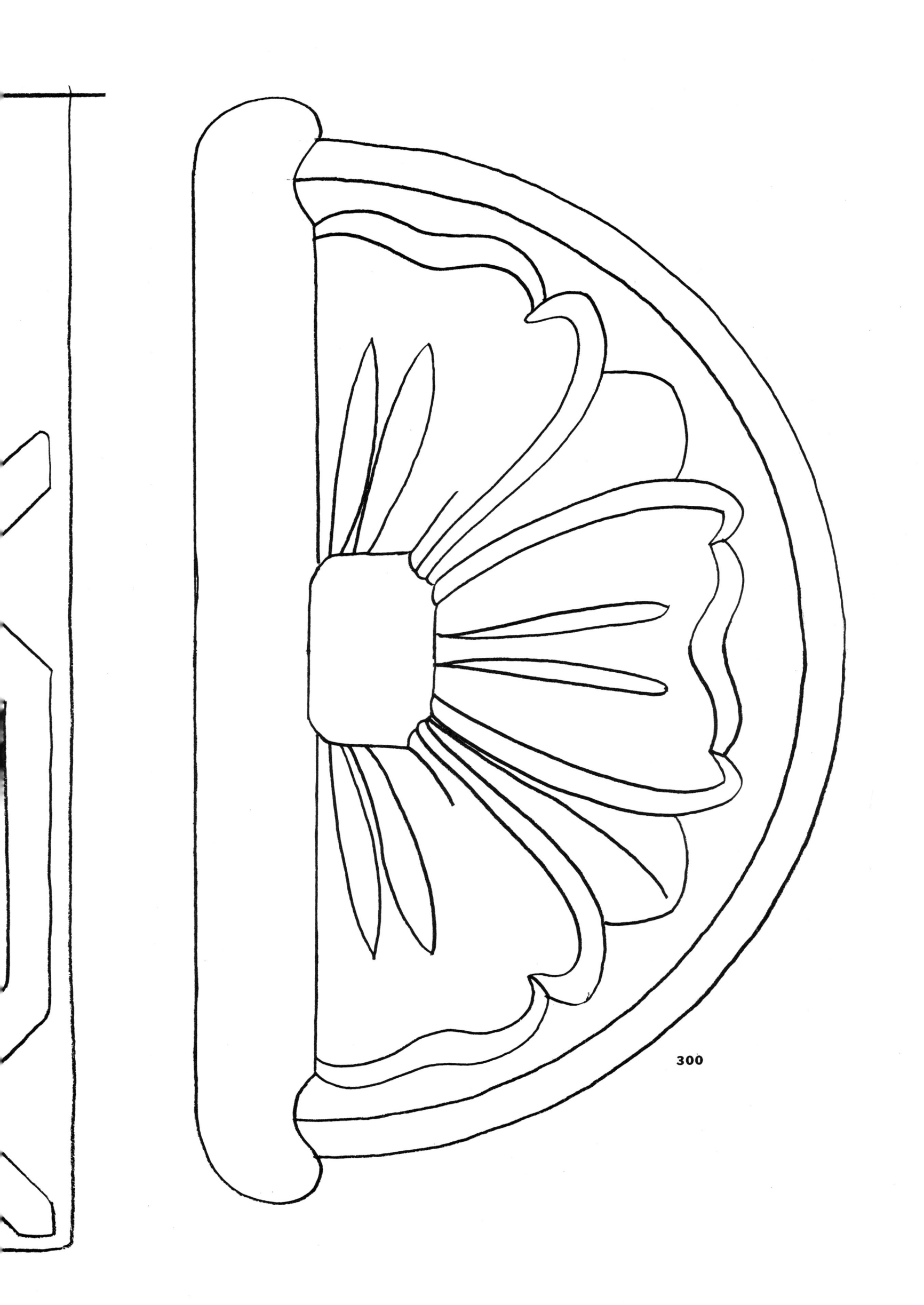

301

302

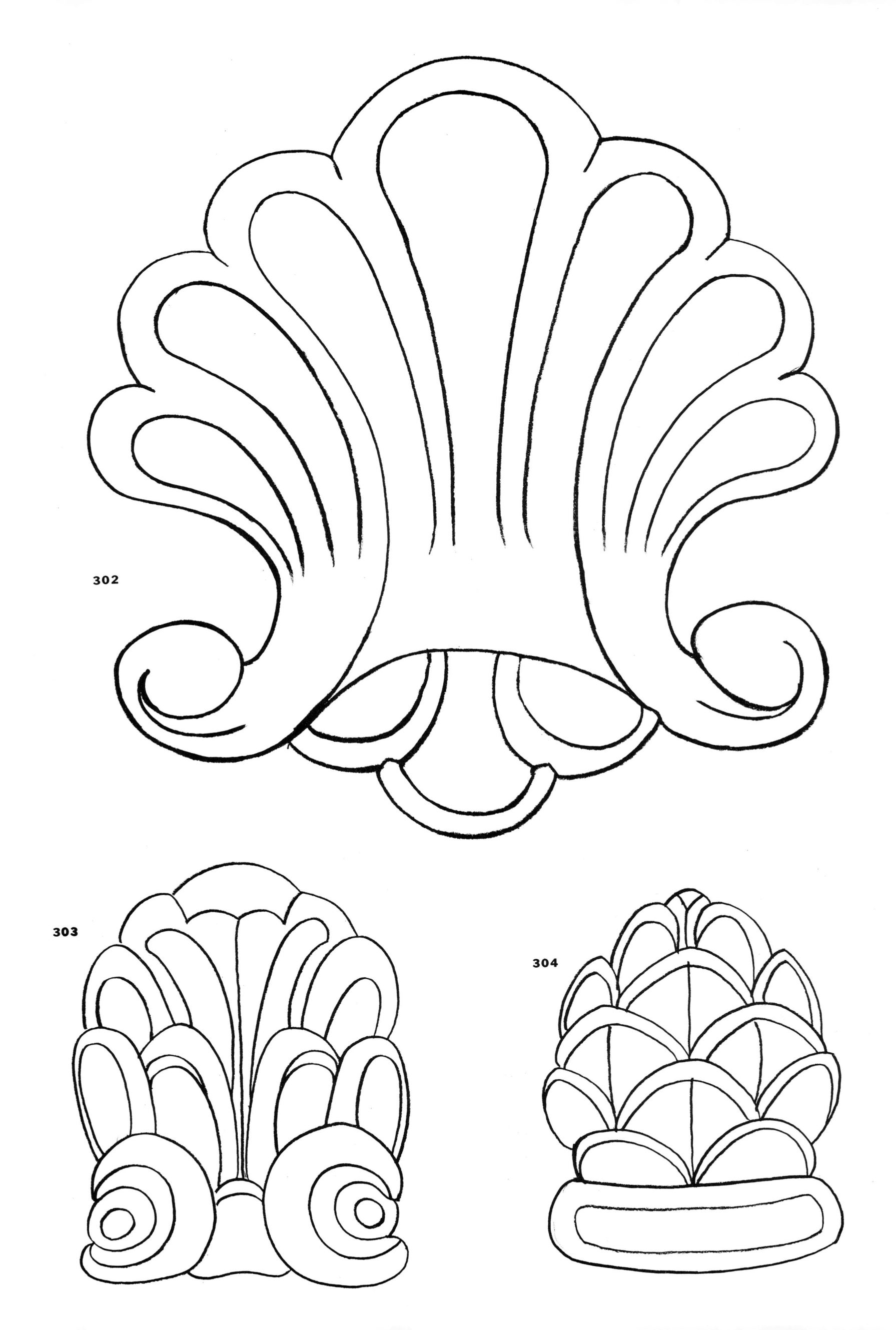

303 304

305

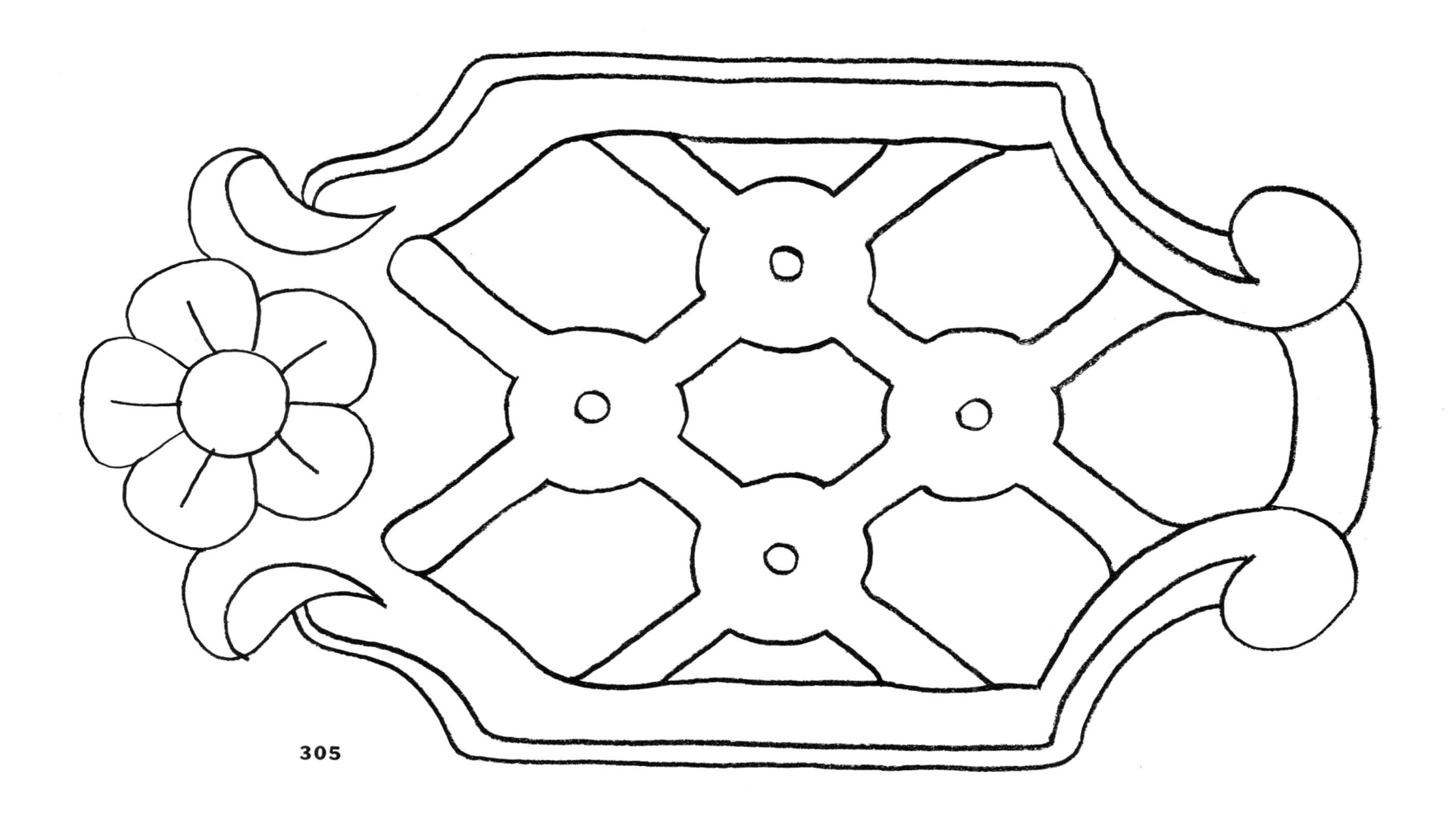

306

307

308

309

310

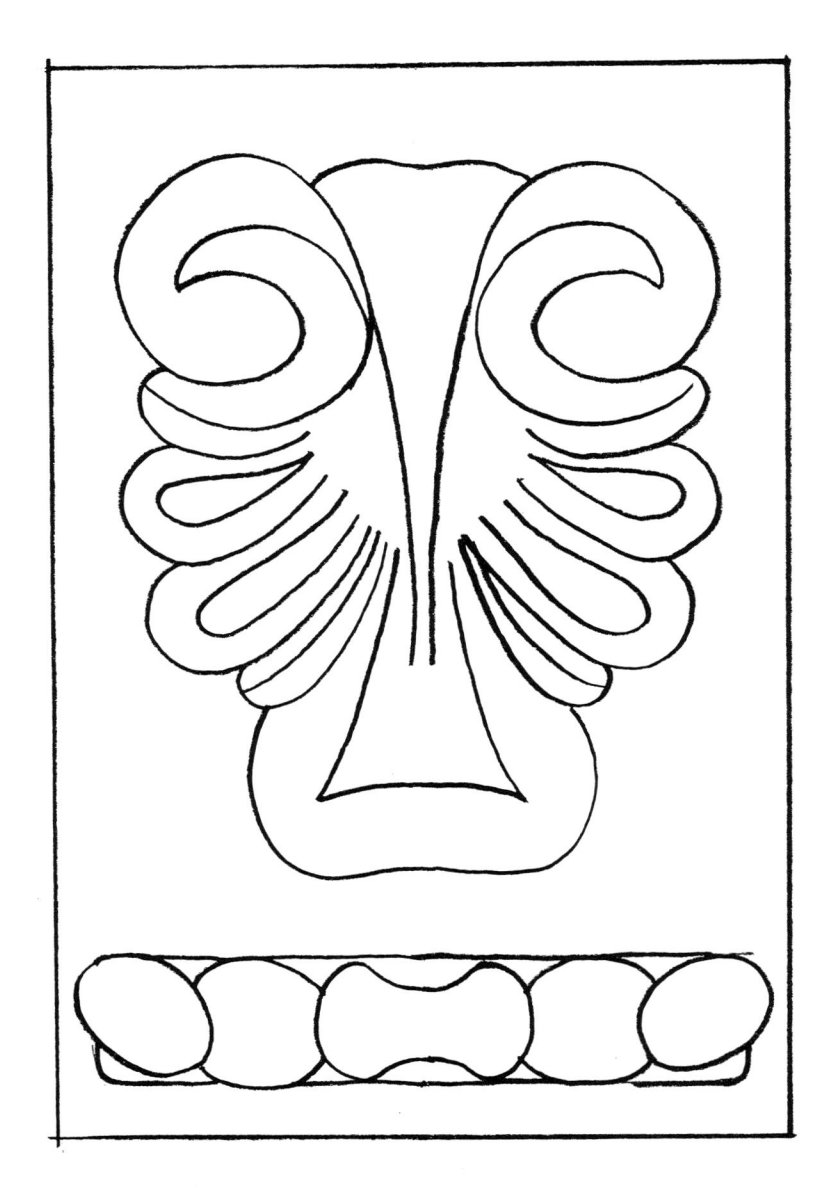

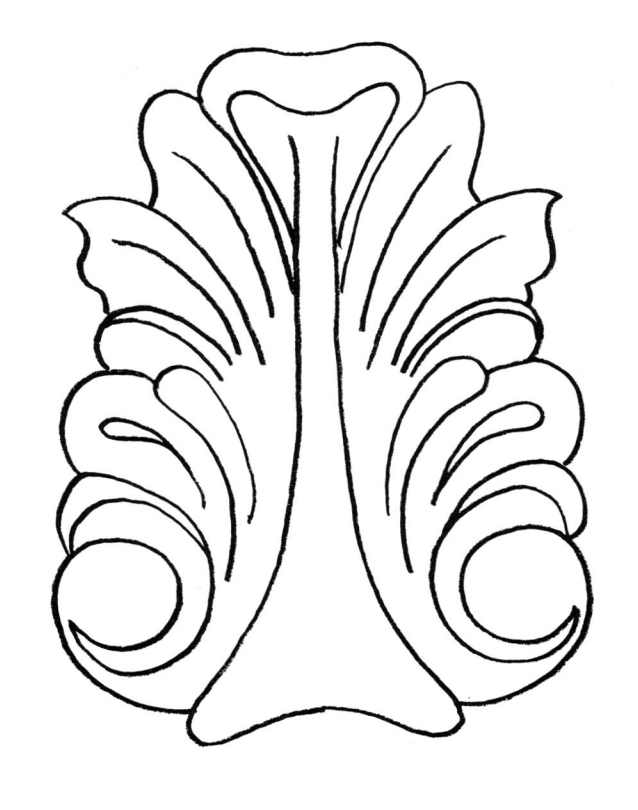

311

312

313

315

314

316

317

318

319

320

321

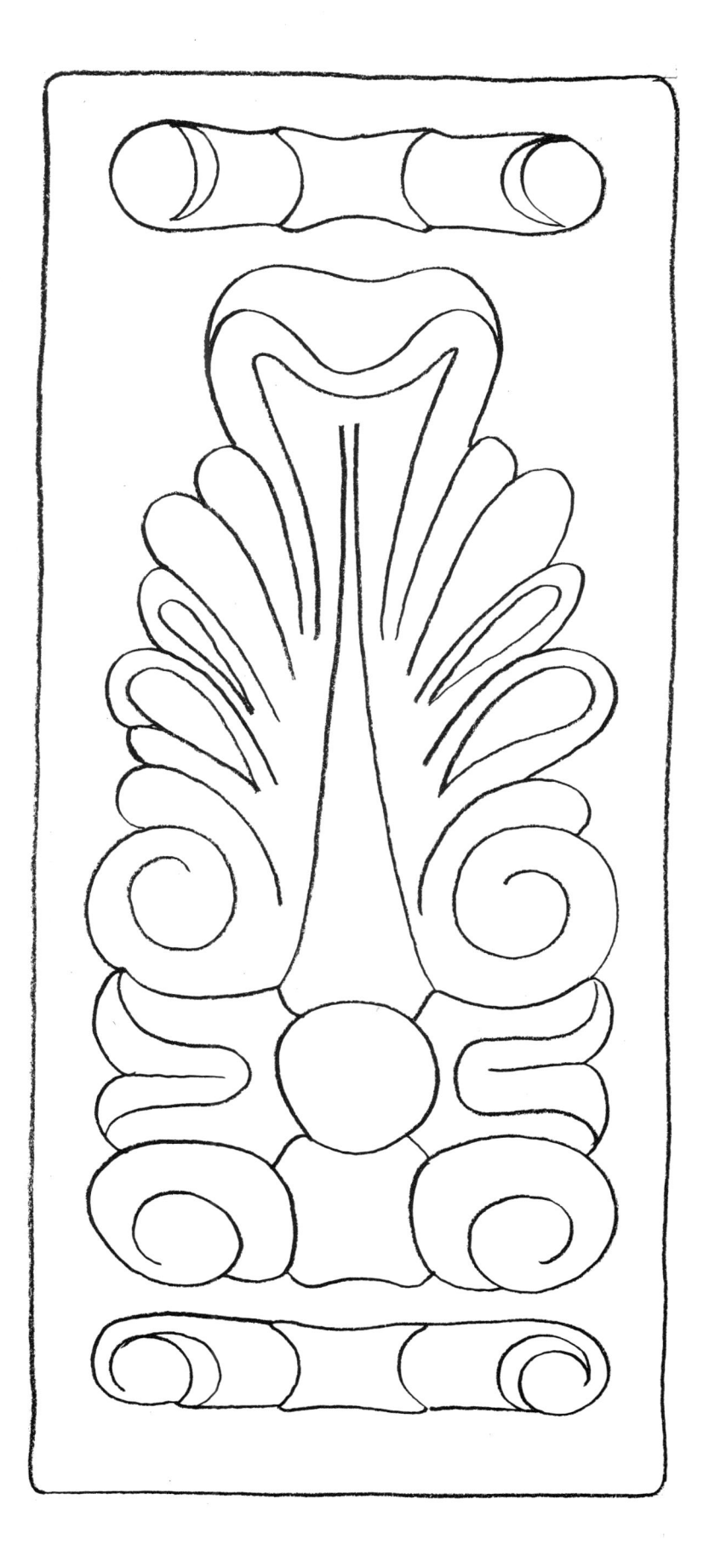

322

323

324

325

326

327

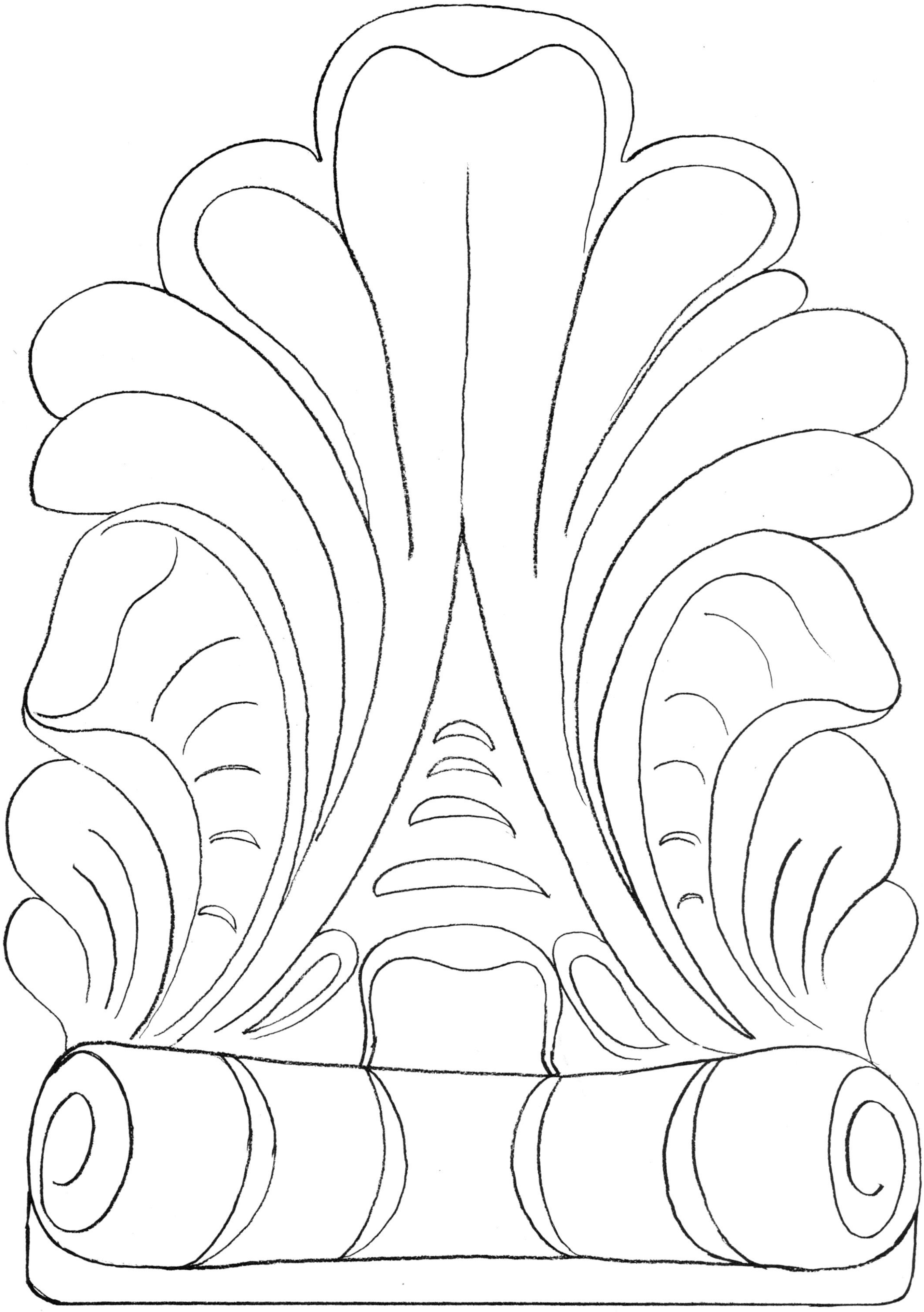

329

330

331

332

333

334

335

336

337

338

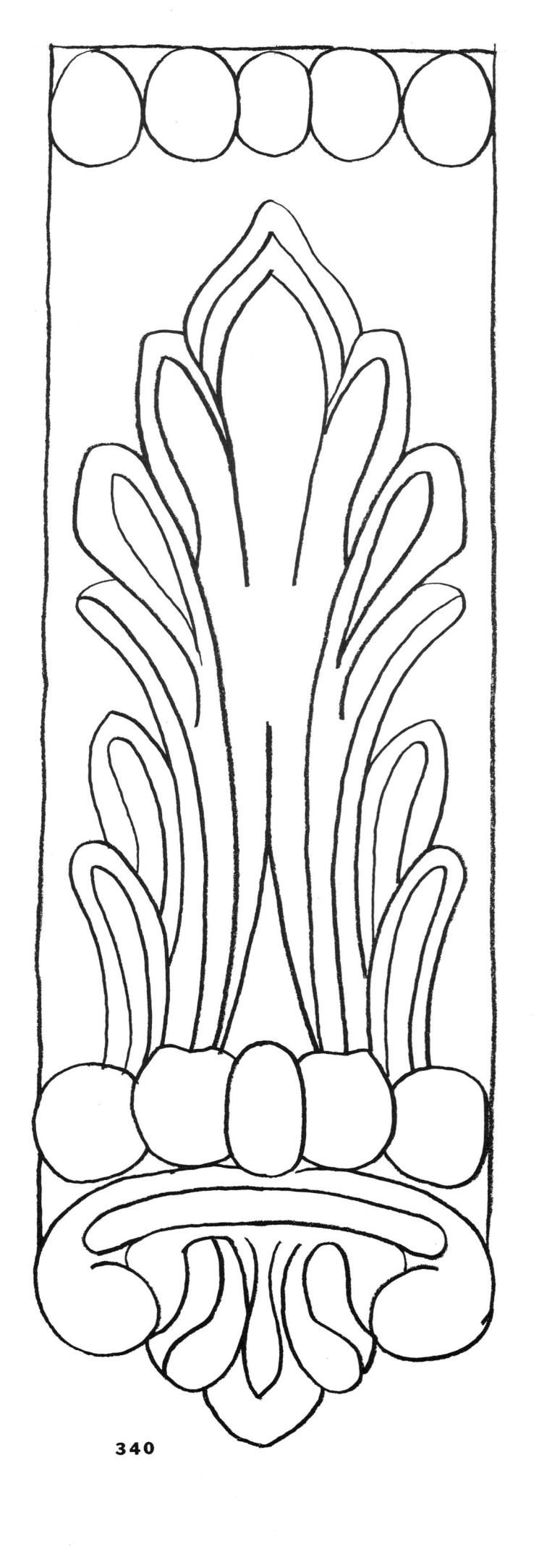

339

340

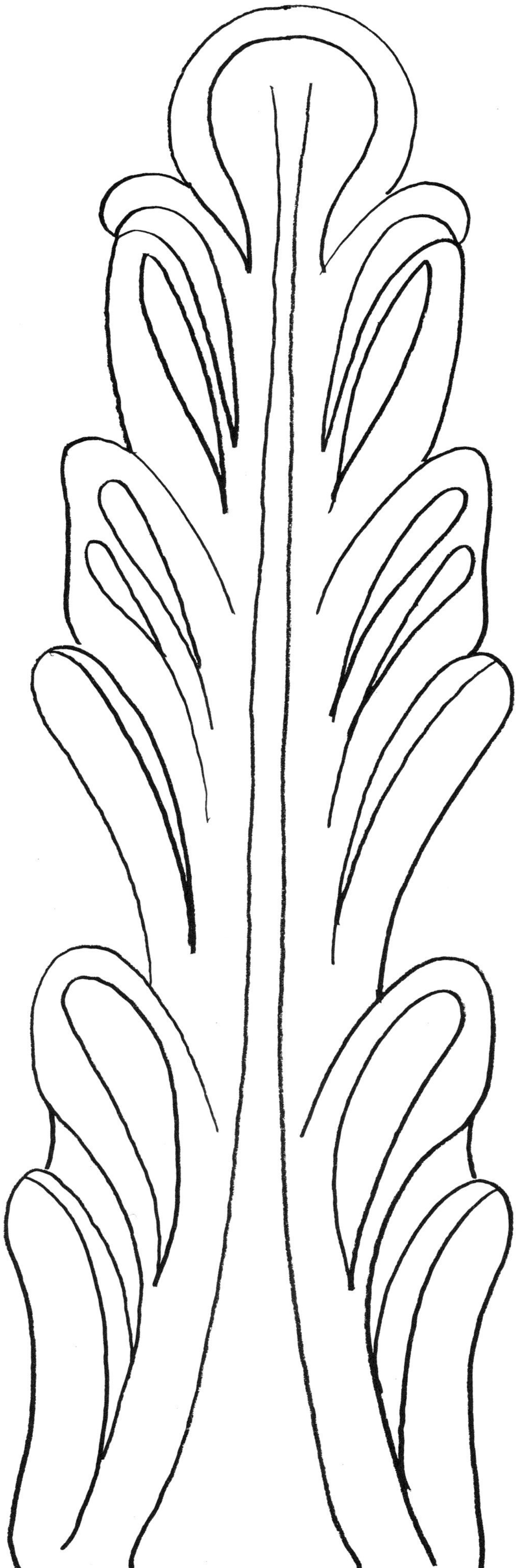

341

342

347

348

350

349

351

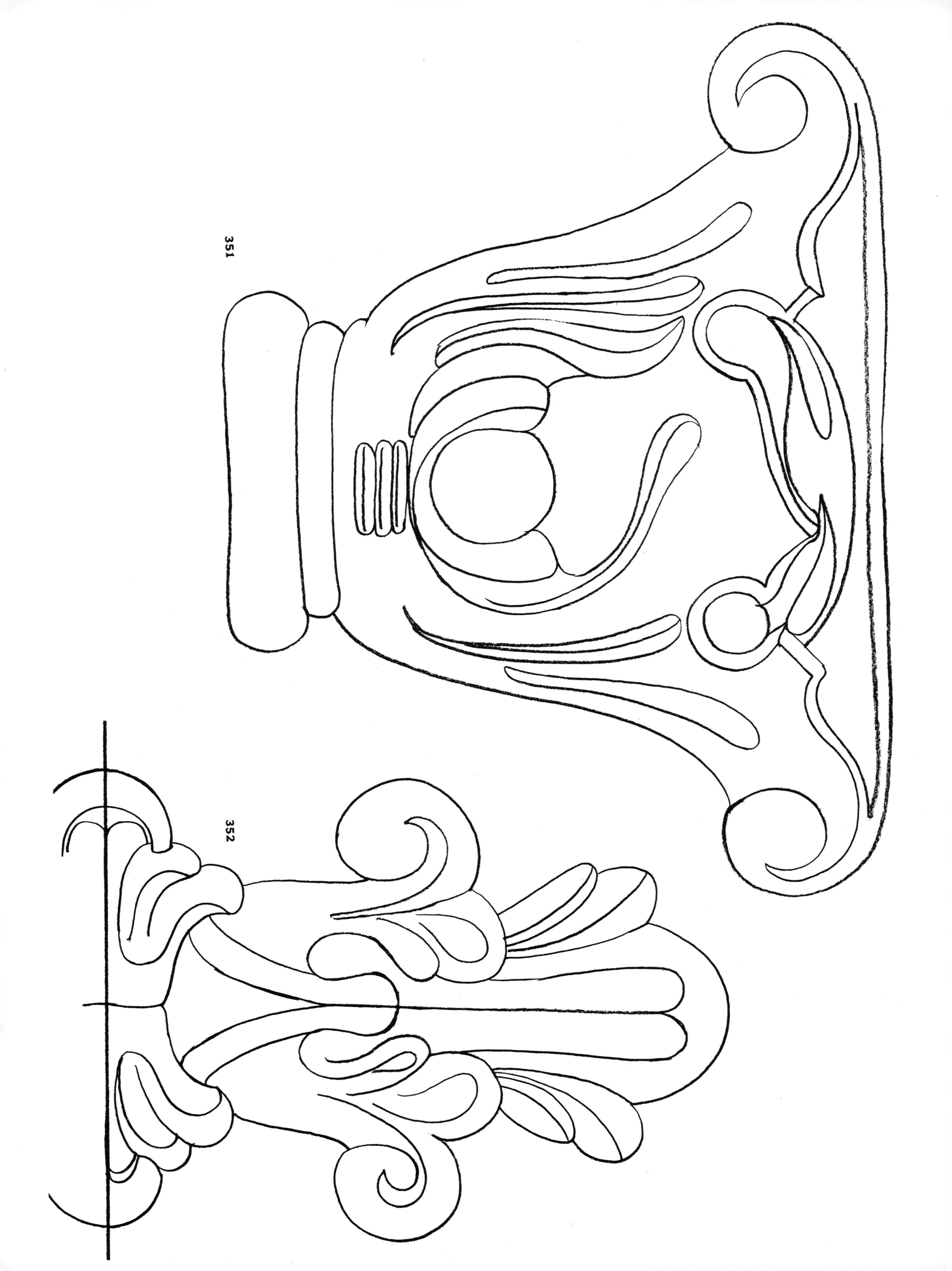

352

355

356

357

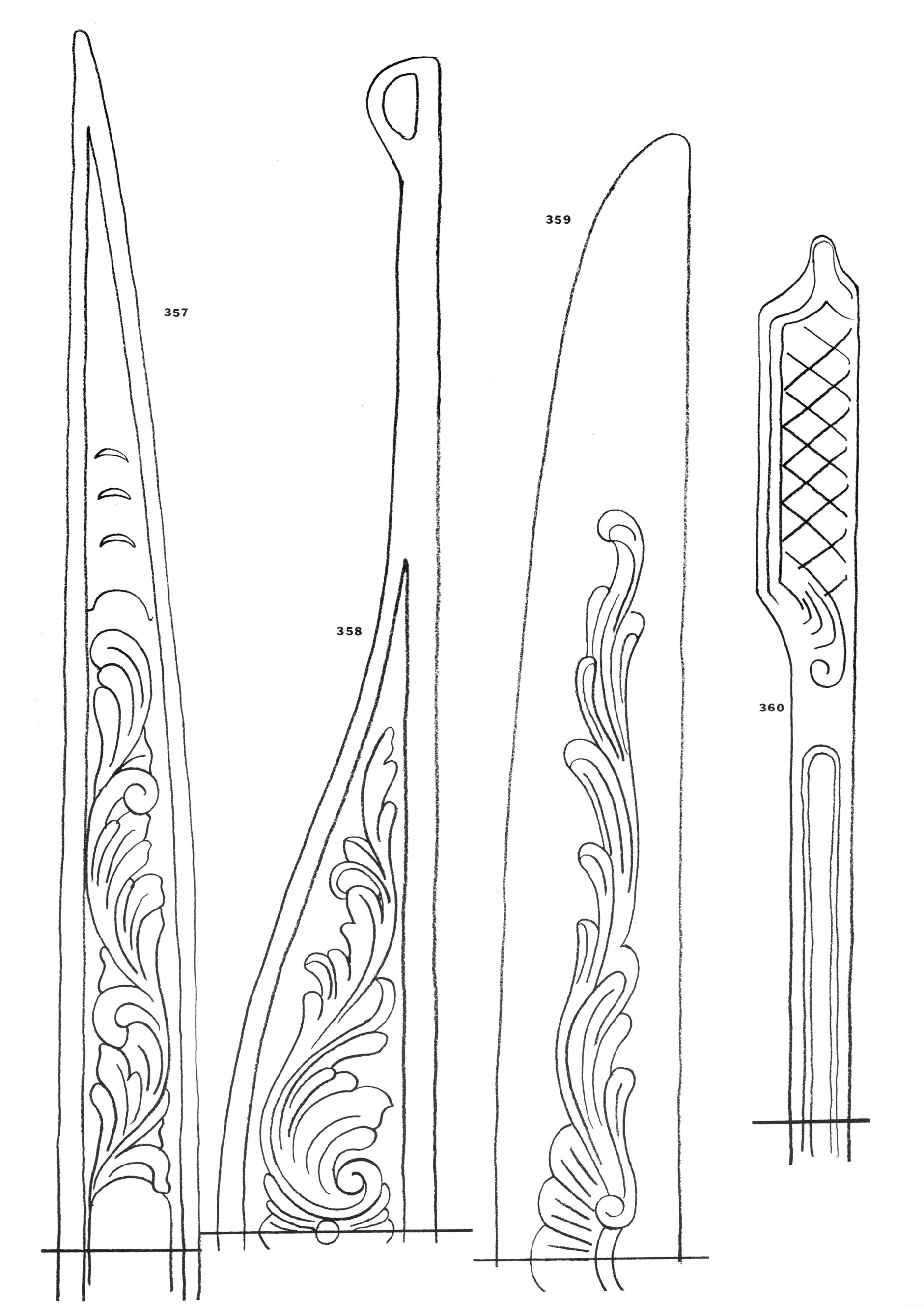

358

359

360

361

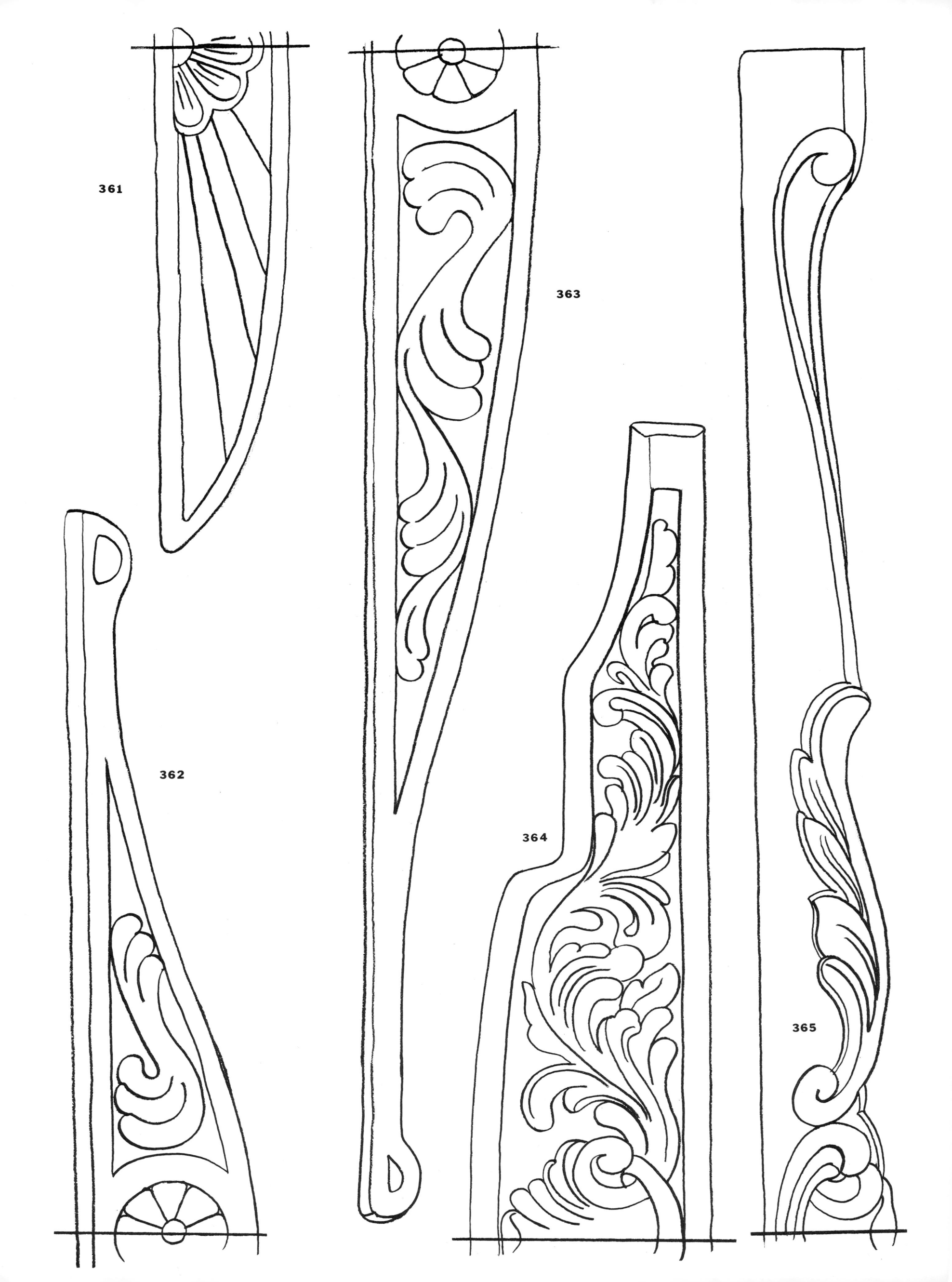

362

363

364

365

366

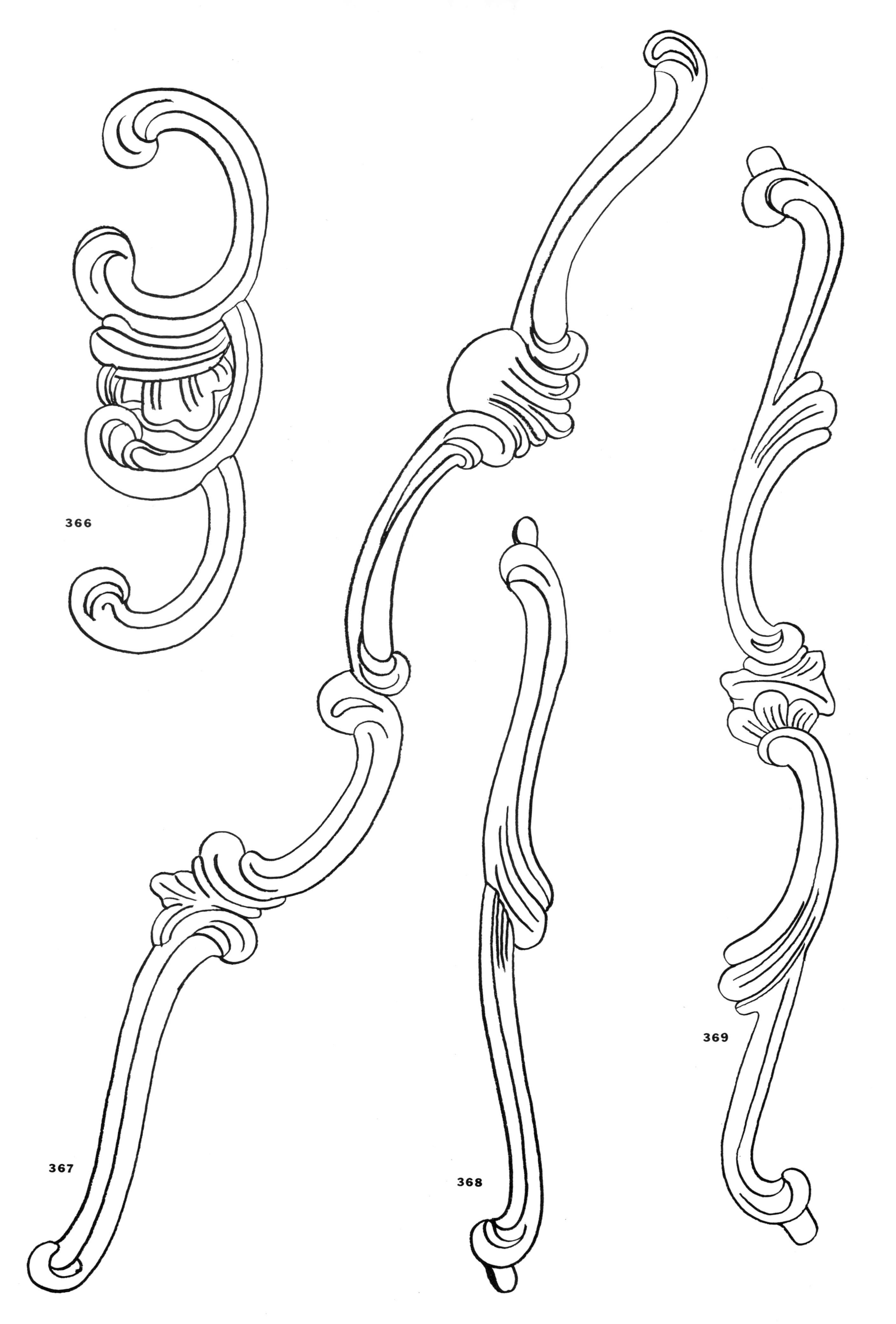

367

368

369

370

371

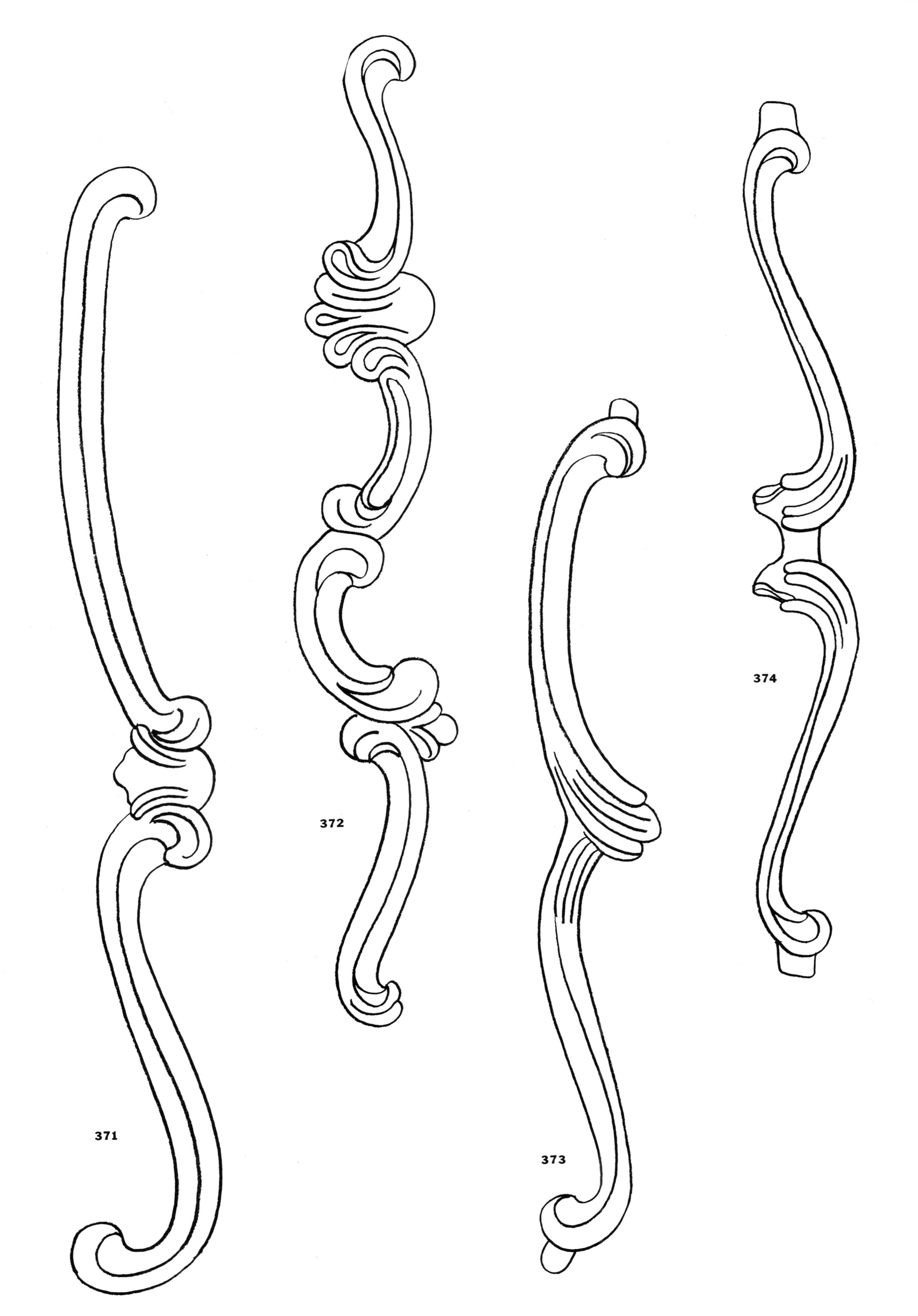

372

373

374

375

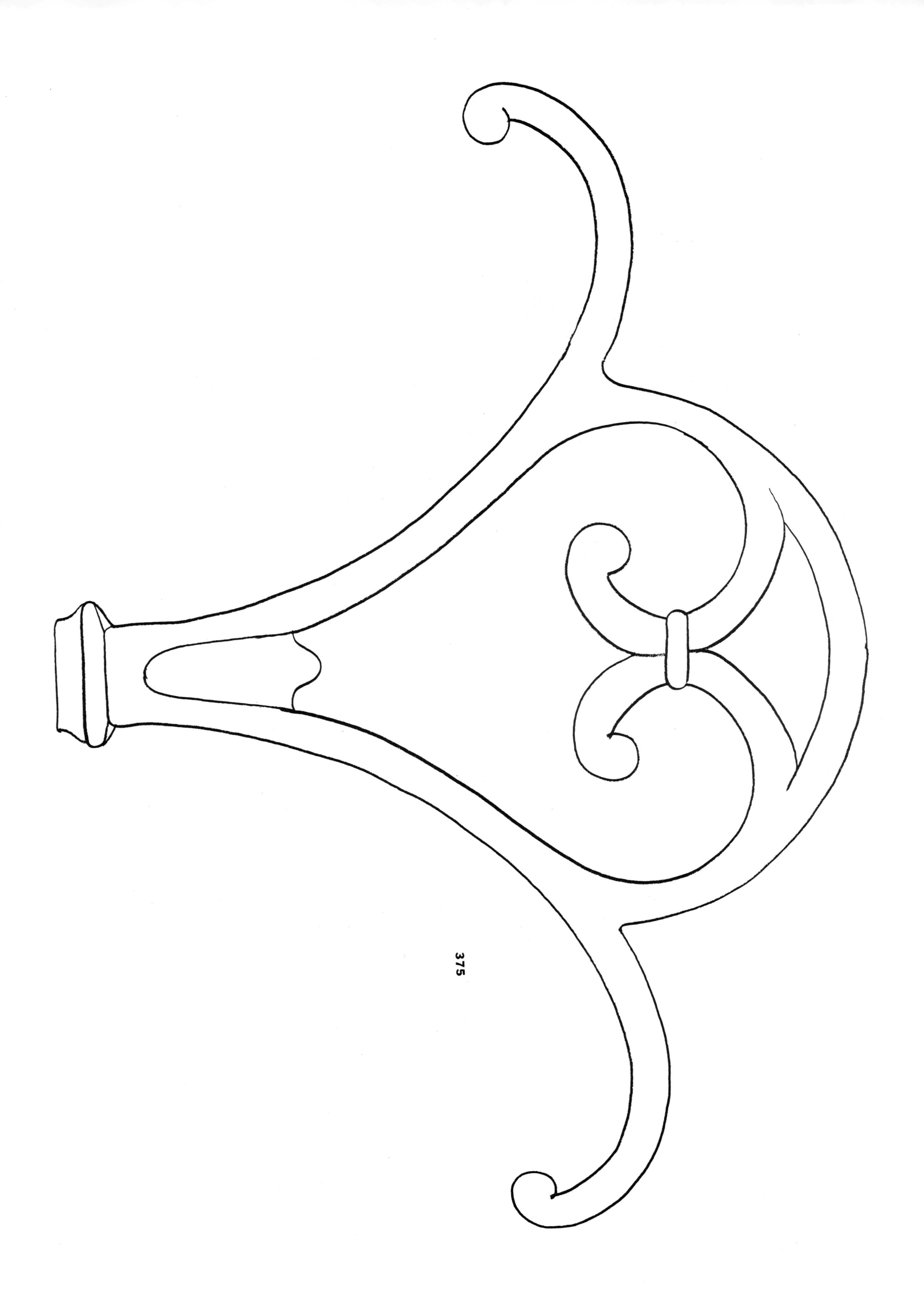

376

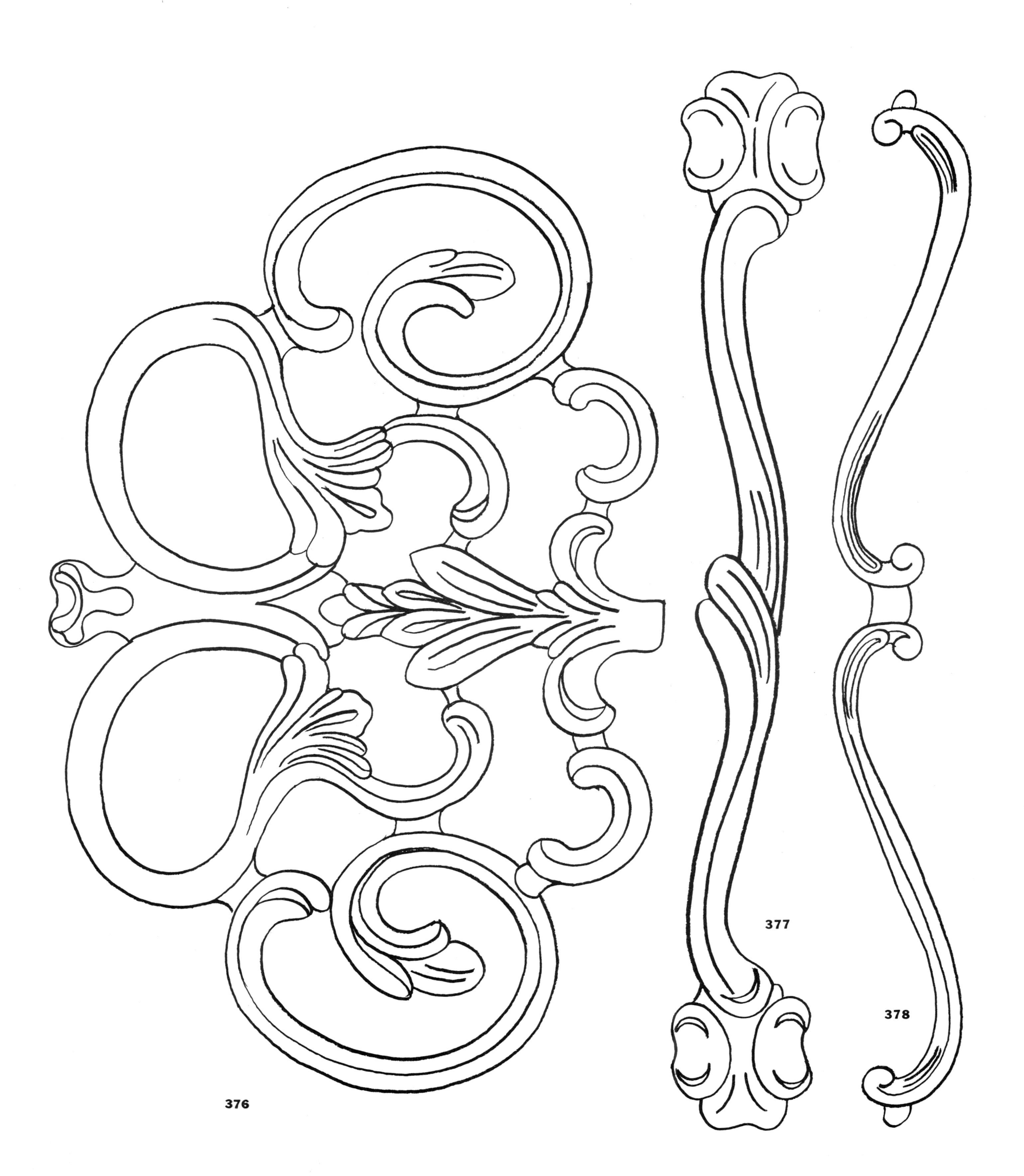

377

378

379

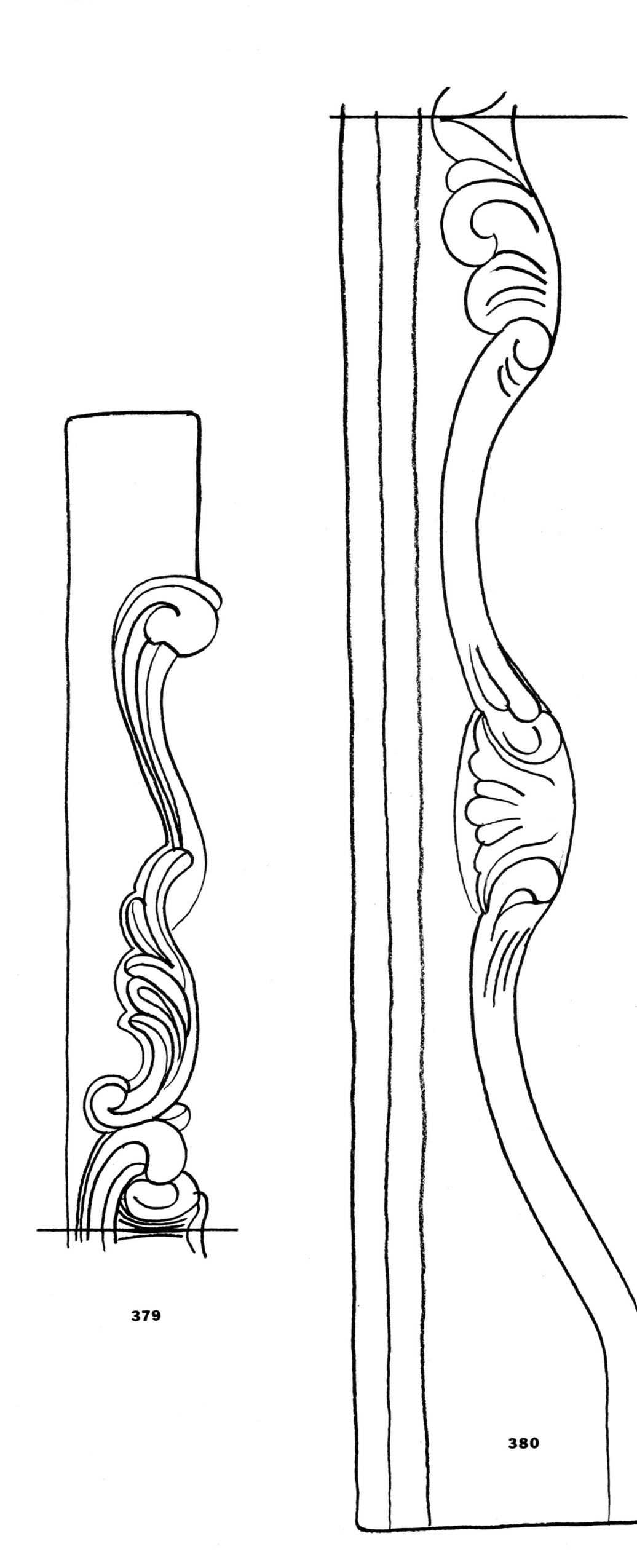

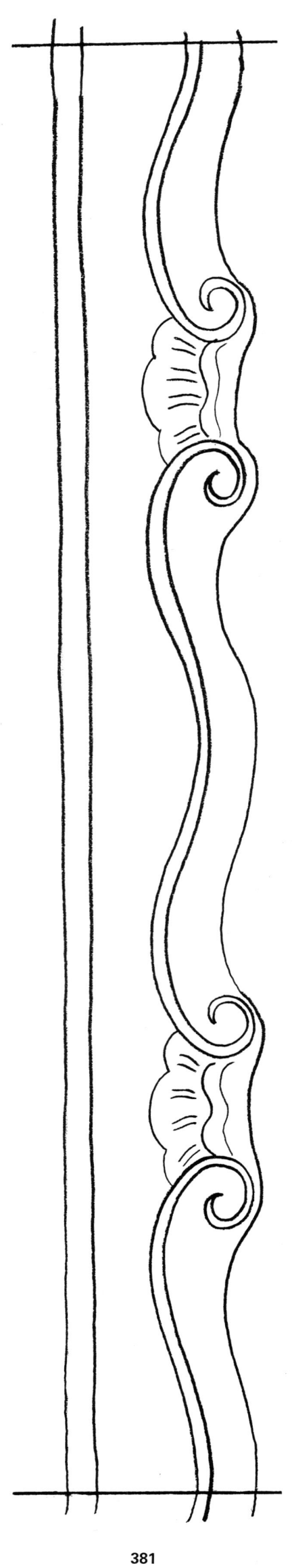

380

381

382

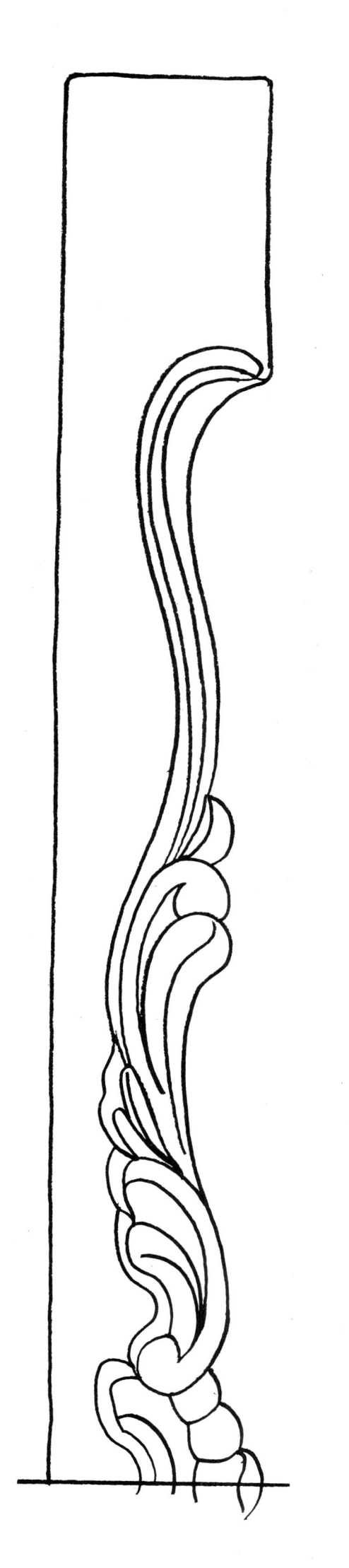

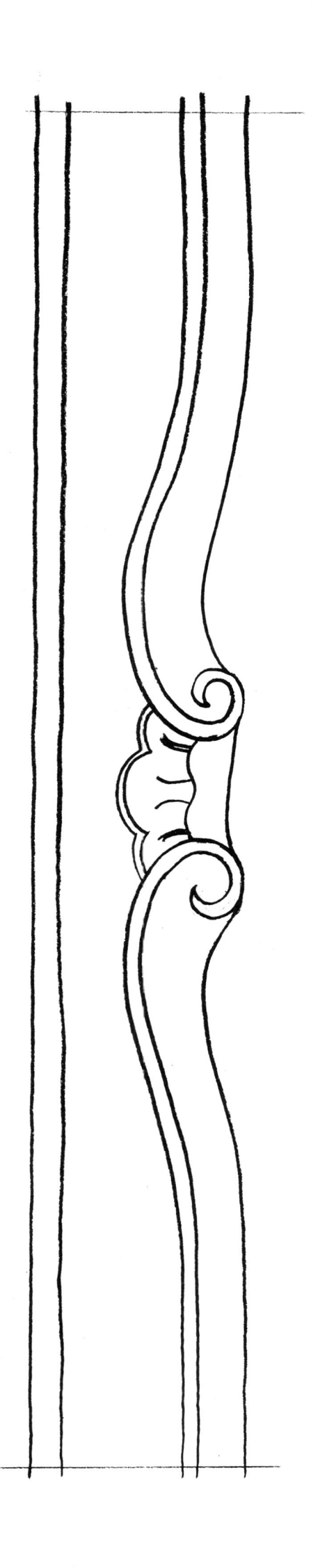

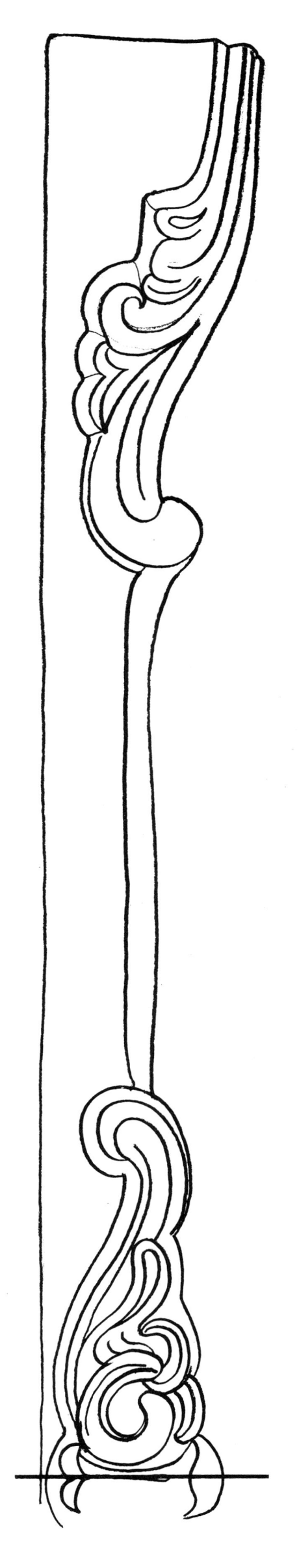

383

384

385

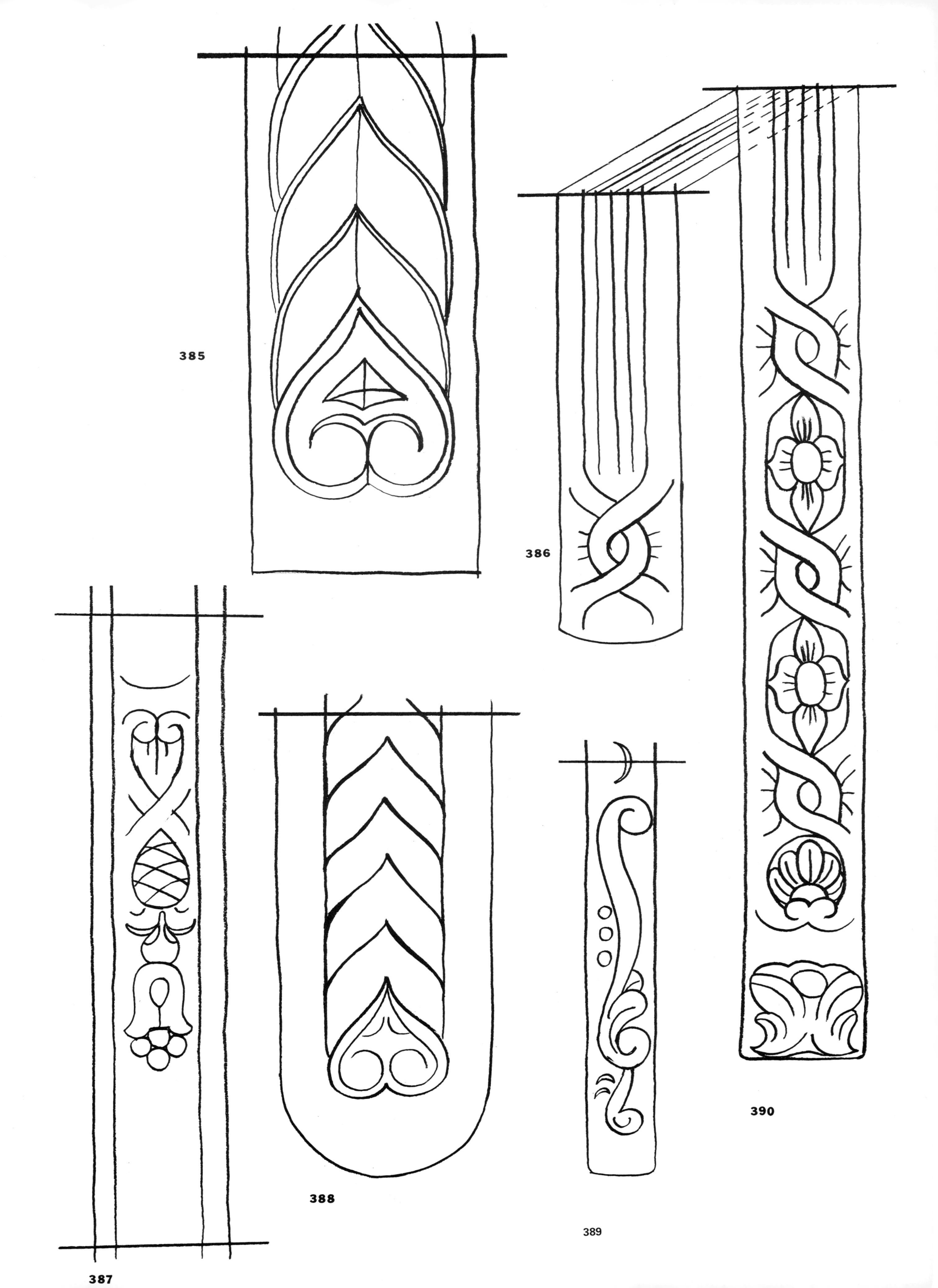

386

387

388

389

390

391

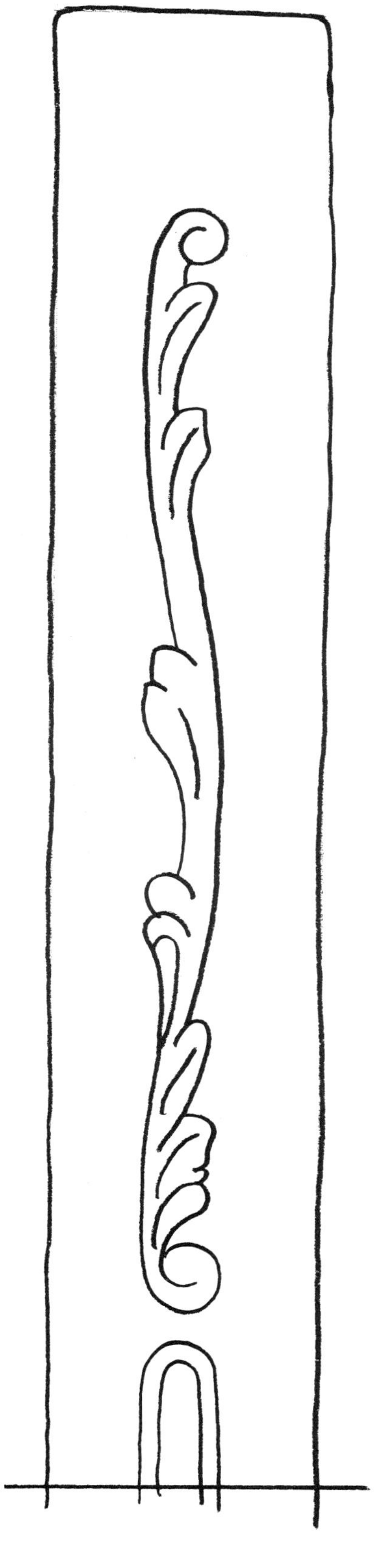

392

393

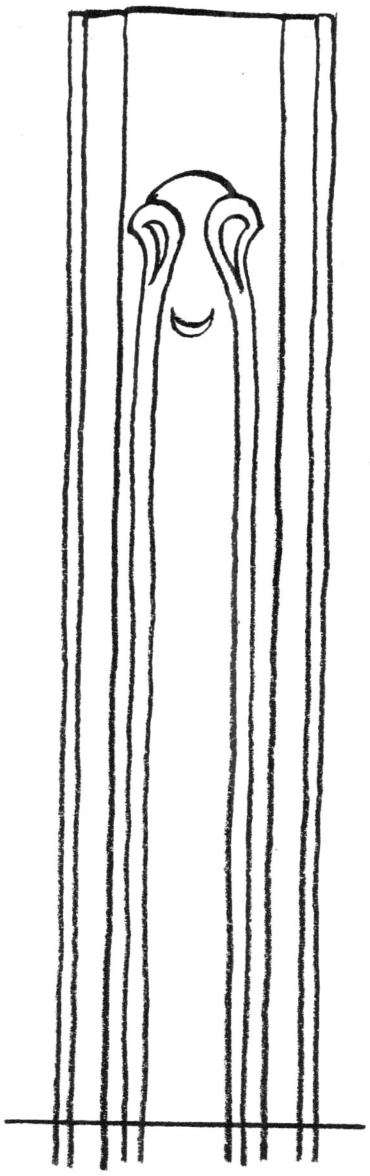

394

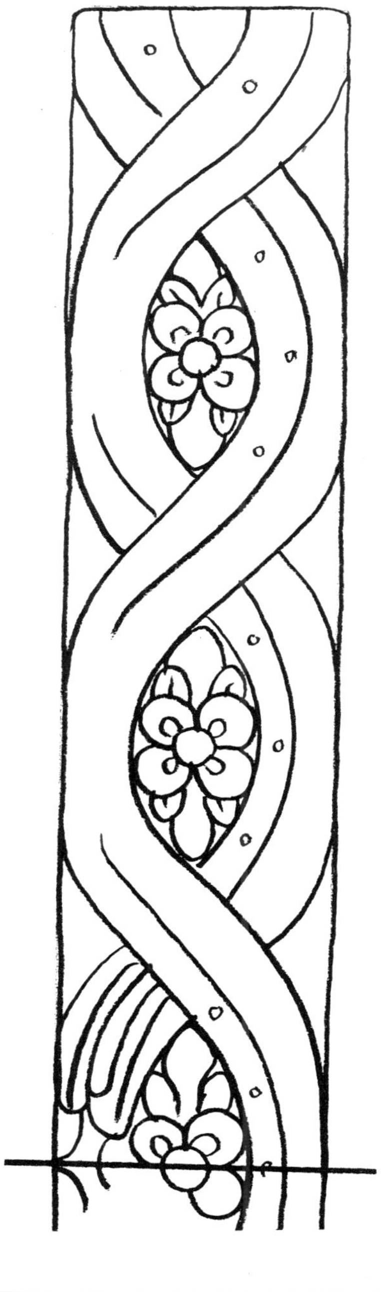

395

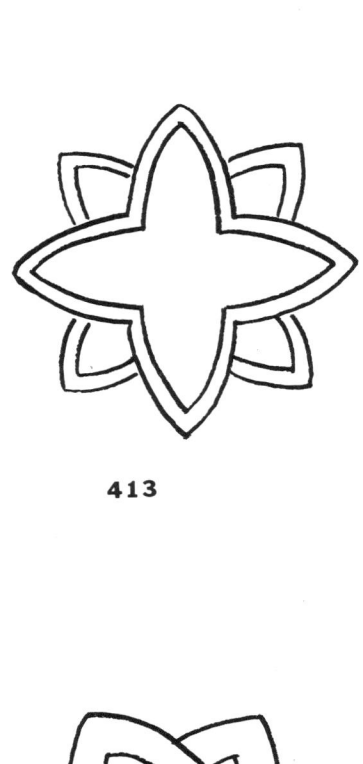

413

414

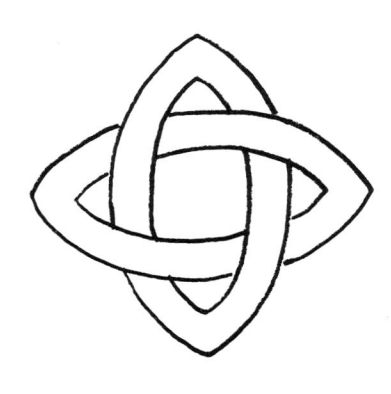

415

416

417

418

419

420

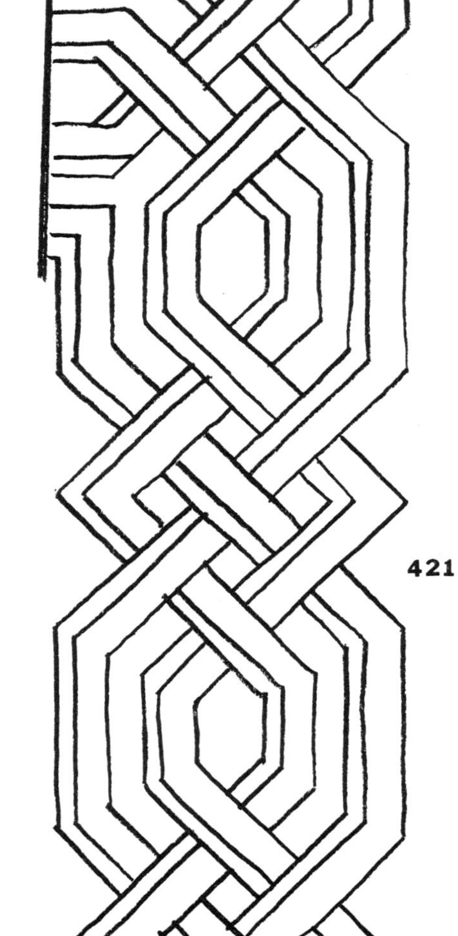

421

422

423

424

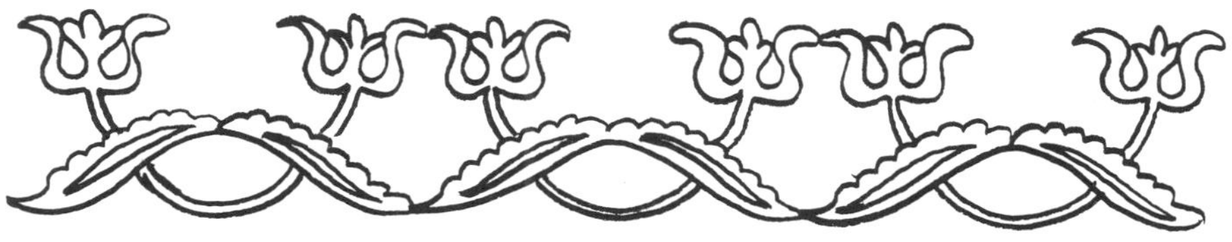

425

426

427

428

429

445

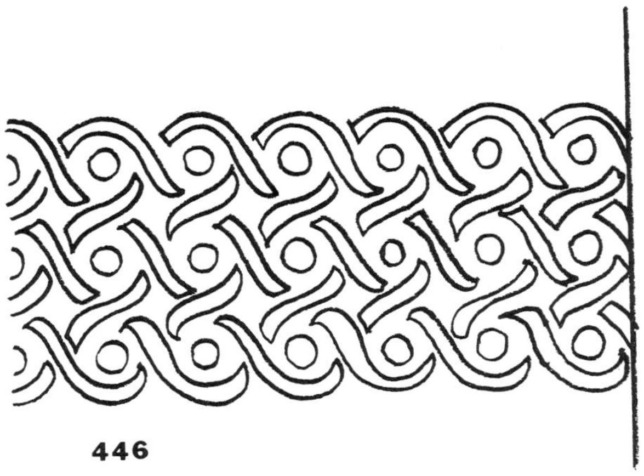

446

447

448

449

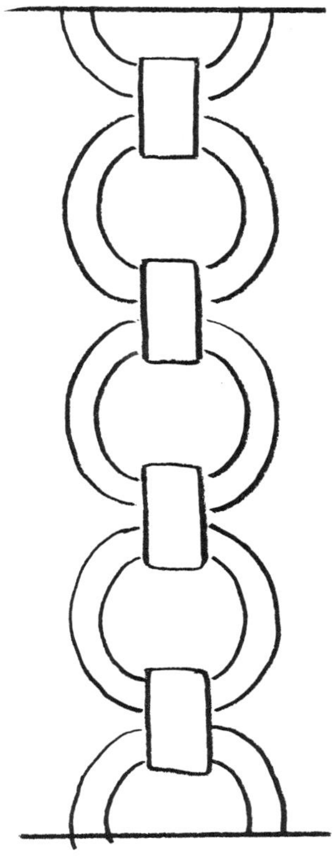

450

451

452

453

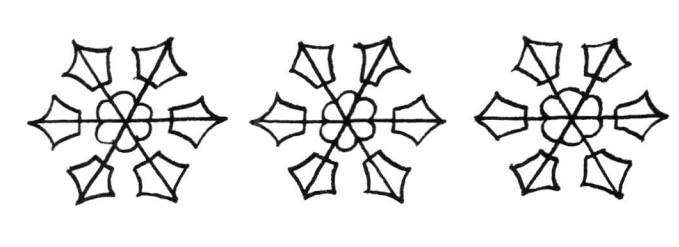

454

455

456

457

458

459

460

461

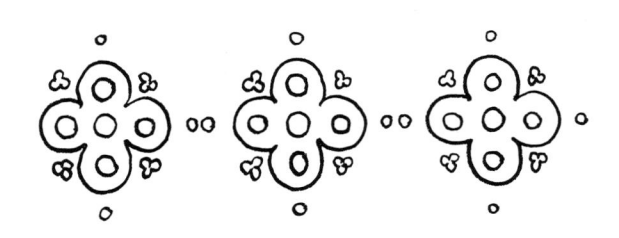

462

463

464

465

466

467

468

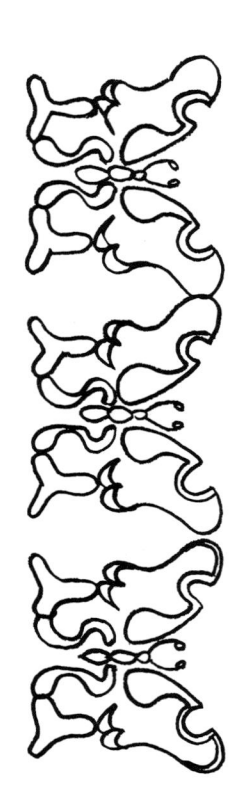

469

470

473

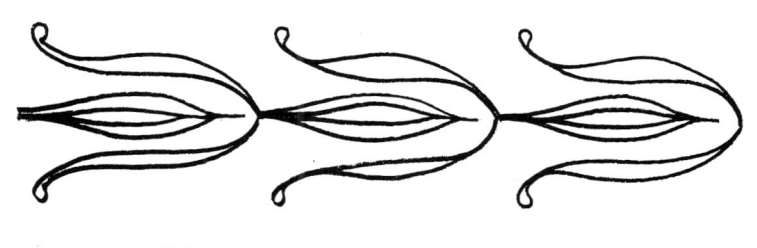

471

474

475

476

477

472

478

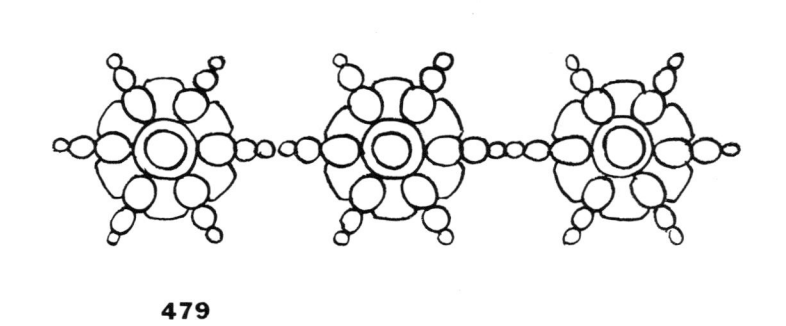

479

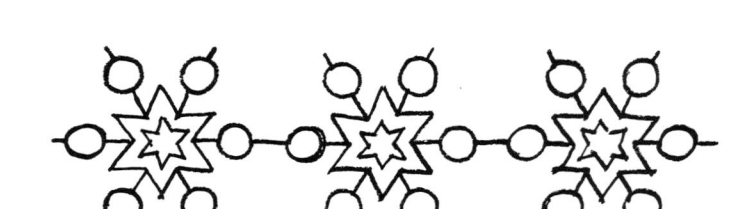

480

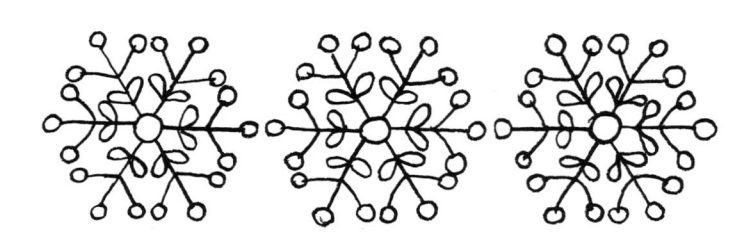

481

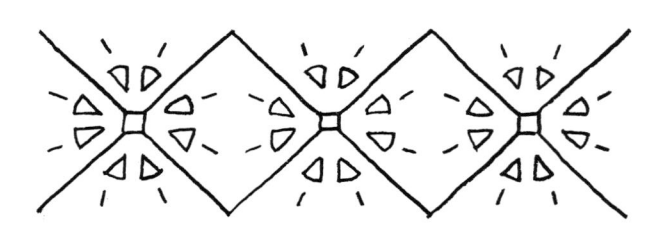

482

483

484

485

486

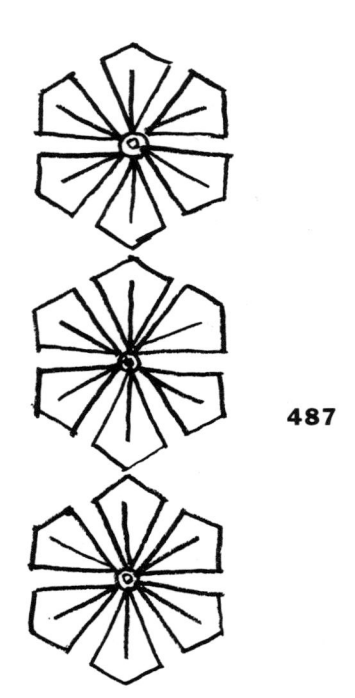

487

488

489

490

491

492

493

494

495

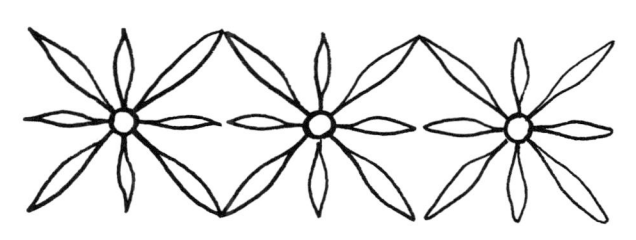

496

497

498

499

503

500

501

504

502

505

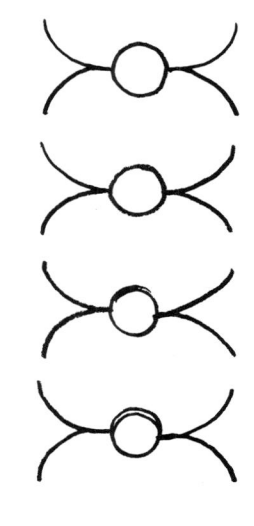

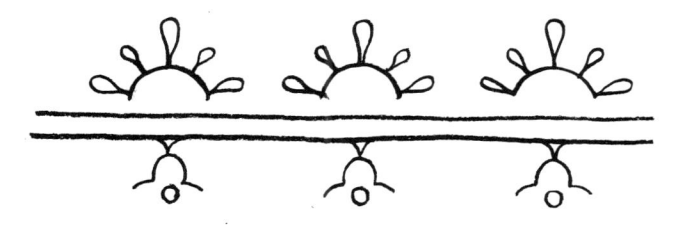

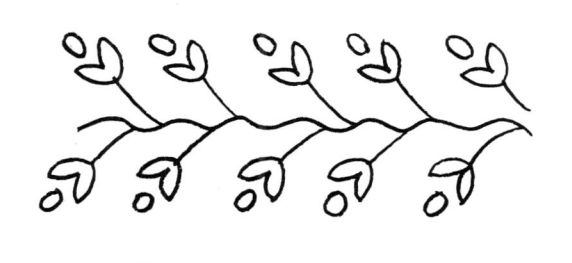

506

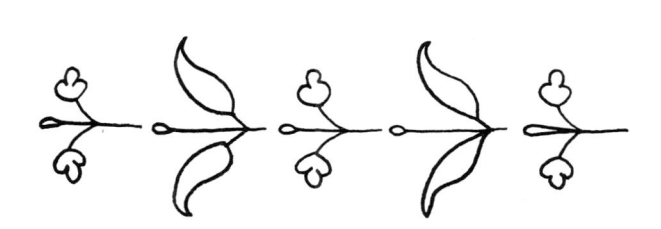

507

508

509

510

511

512